KNOW CAN DO!

如何将知识
转化为
行动

[美]
肯·布兰佳
Ken Blanchard

保罗·梅耶
Paul J. Meyer

迪克·卢赫
Dick Ruhe

著

刘祥亚
译

民主与建设出版社
·北京·

© 民主与建设出版社，2024

图书在版编目（CIP）数据

如何将知识转化为行动 /（美）肯·布兰佳，（美）保罗·梅耶，（美）迪克·卢赫著；刘祥亚译 . — 北京：民主与建设出版社，2025.3. — ISBN 978–7–5139–4690–2

Ⅰ . G40–05

中国国家版本馆 CIP 数据核字第 2024XR3433 号

如何将知识转化为行动
RUHE JIANG ZHISHI ZHUANHUA WEI XINGDONG

著　　者	[美] 肯·布兰佳　保罗·梅耶　迪克·卢赫
译　　者	刘祥亚
策　　划	黄河　桂林
责任编辑	顾客强
特约编辑	郎　平
版式设计	孟雪莹
封面设计	东合社
出版发行	民主与建设出版社有限责任公司
电　　话	（010）59417749　59419778
社　　址	北京市朝阳区宏泰东街远洋万和南区伍号公馆 4 层
邮　　编	100102
印　　刷	深圳市精彩印联合印务有限公司
版　　次	2025 年 3 月第 1 版
印　　次	2025 年 3 月第 1 次印刷
开　　本	710 毫米 ×1000 毫米　　1/32
印　　张	6
字　　数	99 千字
书　　号	ISBN 978-7-5139-4690-2
定　　价	69.80 元

注：如有印、装质量问题，请与出版社联系。

致中国读者的信

肯·布兰佳
《一分钟经理人》合著者

　　《如何将知识转化为行动》能在中国出版，我和保罗·梅耶、迪克·卢赫都感到非常高兴。

　　无论身处何处，人们总感觉在"知道"与"做到"之间，似乎存在着一道不可逾越的鸿沟。这本书正是想要提供一些简单的工具，帮助人们轻松跨越这道鸿沟。这些工具得以在中国传播，真是让人振奋。

　　真诚希望《如何将知识转化为行动》能启迪你的心灵，如果想要让这个世界更美好，我们就要将知识转化为行动。本书正是当今世界所需要的。

Ken Blanchard

行动是老子，知识是儿子，创造是孙子！

行是知之始，知是行之成。

中国人民教育家

陶行知

出 品 人 推 荐

深圳市中资海派文化传播有限公司　创始人
中资海派图书　首席推荐官

桂林

　　中资海派诞生于创新之都深圳，至今已有 20 多年。我们为读者提供了近 2 000 种优质的图书，其中不乏出版界现象级的作品，也博得了千千万万读者的认同。在这座"全球全民阅读典范城市"里，我们见证了深圳的奇迹，也参与到深圳的奇迹之中。

　　作为创始人和领航者，我每时每刻都以责任与匠心、温情与敬意，感恩我们这个伟大的时代，感恩我们的作者和读者。

　　一书一世界，一页一心语。中资海派以"趋势洞察、敏捷行动、向善理念"为行动指南，愿和所有作者、读者一起，完成人与知识的美好链接，让读者获得最佳的阅读体验。展望未来，中资海派将继续秉承"关联、互动、衍生"的商业生态逻辑，将科技与创新精神深植于企业文化之中。在世界出版业的变革浪潮中，我们站在巨人的肩膀之上，让思想的光芒熠熠生辉。

这么多年来，我一直在思考一个问题：为什么我们的作品被广泛阅读，但很多人并没有在日常的生活和工作中贯彻这些概念，并持续使用它们？本书让我意识到，"我们一直在试图从外部改变人们的行为，而持久的改变始于内心，然后逐渐由内而外发生变化"，也就是"知道做到"。

"知道做到"是我最欣赏的品质，也可以说是一种能力。一个人的思维模式决定了他的信念，信念决定了行为，而行为又会产生相应的结果。通过《如何将知识转化为行动》，可以真正实现"知道做到"，让自己的思想和行动保持一致。

"不积跬步，无以至千里；不积小流，无以成江海。"我鼓励你将获取的知识转变为行动的力量，通过持续的改变，不仅成为自己的人生和事业的引领者，还能够影响身边更多的人。在这条漫长的路上，中资海派将永远是大家身后持续而坚定的成长推动者和坚实后盾。

柳传志

联想控股、联想集团创始人

做企业就要培养人才。人才是利润最高的商品，能够培养好人才的企业才是最终的赢家。现代企业的竞争，归根结底是人才的竞争。从这个角度来说，人才是企业之本！这本书告诉我们，知道怎么做的人，不一定是人才，只有能做到的人才是人才。

甄荣辉

前程无忧总裁

学习是一种个人行为，也是一种企业行为。本书强调以企业目标为导向的学习，从"做到"的结果出发，强调好的学习习惯对执行的重要性。文章内容非常浅显易懂，案例生动，阅读轻松，很有示范和启发效用。

冯 仑

万通集团创始人、御风集团董事长

本书告诉我们，世界是创造出来的，幸福是经营出来的，爱情是追求出来的，天下是打出来的！你的人生目标是什么？朋友，明天的成功是靠自己拼出来的！

单 仁

央视财经评论员、江西财经大学深圳研究院客座教授、中国生产力促进中心协会副理事长

我们知道"学习"是两件事，不是一件事。"学"指的是了解和认知，即获取知识；"习"则是指应用和实践，即付诸行动。行动才能产生结果。现在是信息爆炸的时代，大家不缺乏知识，缺少的是把知识转化为行动的能力。《如何将知识转化为行动》为我们提供了一把钥匙，解锁了从"知道"到"做到"的大门。作者深刻洞察了学习与行为改变之间的鸿沟，并提出了切实可行的解决方案。这本书是对那些渴望将知识付诸实践的人们的一次深刻启迪。

李　践

行动教育集团董事长兼总裁、浓缩EMBA创始人、实战派管理专家、中国"新赢利模式之父"

行动不一定成功，但不行动绝不会成功！知道了未必做得到，能做到的一定会知道。《如何将知识转化为行动》一书告诉我们只有做了才会得到，不做不会得到。

陆志勇

通用磨坊（中国）投资有限公司大中华区人力资源副总裁

《如何将知识转化为行动》解决了长久以来我们一直感到困惑甚至刻意回避的问题——员工培训的效果该怎么延续。怎样让员工把培训所学的知识运用到自身的工作中去？我们从《如何将知识转化为行动》中能得到很大的启示，此书值得一读。

唐秋勇

人力资源管理智库HRflag执行董事、法国里昂商学院HR中心联席主任

领导者总是将注意力集中在领导方法和领导行为上，却很少关注人们的大脑到底在想什么。《如何将知识转化为行动》这本书消

除了"知"与"行"的鸿沟，找到了一种能够在关注人们外部行为的同时，也改变他们内心活动的方法。

段 冬

58到家信息技术有限公司首席人才官、中央电视台人力资源栏目专家、北京中外企业人力资源协会理事

《如何将知识转化为行动》这本书，从根本上剖析了"知"与"行"之间存在的鸿沟。我认为可以将书中讲到的三个问题，运用到提高个人和组织执行力的层面上。与其夸夸其谈，不如有效行动。

潘高峰（Andy哥）

深圳市浩博人力资源咨询有限公司创始人兼首席顾问

作为一名在人力资源领域深耕25年的专业人士，我见过许多人面临"知道却做不到"的困境。因此，我强烈推荐《如何将知识转化为行动》。这本书强调了在信息爆炸的时代，如何筛选、吸收并实践知识，以及如何通过间隔重复技巧、积极聆听和教授他人等方法，更好地将知识内化为行动，这对于培养和激励人才具有重要意义！这本书就像一盏指路明灯，不仅能提升个人能力，还可以助

力团队和组织实现知行合一，它适合所有渴望在人力资源领域取得突破的朋友们！

梁昭贤

广东格兰仕集团董事长兼总裁

《如何将知识转化为行动》演绎了西方的"知行哲理"。知是思考，行是创造，知道做到，可以突破极限！请相信自己，只要知道就一定能做到。

高建华

企业战略培训师、中国惠普公司原助理总裁、苹果电脑公司原中国市场总监

人们知道的往往是"道理"，而要真正做到却需要"方法"，所以掌握如何做（How）比知道应该做什么（What）更重要。这本书的价值就体现在给大家提供了解决问题的方法。

艾 莫

中旭商学院高级讲师、加拿大互动成功集团总裁

"做到"是千千万万人一直苦苦追寻的结果。如何激励自己去

行动，激发心灵力量，为自己想要的目标，采取切实的行动呢？答案尽在本书中。

埃利奥特·马西埃（Elliott Masie）
学习联盟（The Learning Consortium）主席

《如何将知识转化为行动》是一部简单而有力的作品。它将给每一个学习者带来有益的启示。布兰佳和他的合著者又做到了……他们阐明了该如何将自己的知识应用到实践当中，并彻底改变自己以及与自己交往的人的生活。不愧是一本必读书！

皮特·卡洛（Peter Calo）
美国CARDONE工业集团全球销售部副总裁

布兰佳博士提出的方案总是能收到极佳的效果。他的理念简明易懂，实践性极强。

鲍勃·莫尔（Bob Moore）
美国公共超级市场副总裁

感谢肯·布兰佳博士，他的理念和思想对我们公司的工作产生了显著的影响，甚至使我们的管理人员拥有了自己的忠实粉丝！

凯文·弗莱伯格（Kevin Freiberg）

杰琪·弗莱伯格（Jackie Freiberg）

《我为伊狂》（*Nuts!*）*和*《胆识》*（*Guts!*）作者

在一个没有人理会昨天的头版标题的社会，伟大的领导者们会选择成为终身学习者。如果想要成为一名伟大的领导者，你就一定要阅读这本书，学会如何更快地学习！

金·李（Kim Lee）

美国费城国防装备供应中心计算机专家

听布兰佳给我们做培训简直是一种享受。我很高兴能学到许多关于领导力的知识，以及怎样将所学知识运用到实践当中去。

杰克·麦克金尼（Jack McGinley）

百特医疗公司副总裁

肯·布兰佳博士，感谢你出席我们的年度销售会议。你卓越的思想和出众的演讲水平为大会奠定了基调，也对整个组织产生了深远的影响。本次大会过后，你的讲话曾多次被我们在不同场合引用和借鉴。

罗奈尔得·P.库派（Ronald P. Coupe）

美国第一银行技术运营部副总裁

本书提供了完美的培训方案、显著的实施效果。肯·布兰佳博士真的非常出色！

金·施特劳斯（Kim Strauss）

美国费城儿童医院研究专家

肯·布兰佳博士是一位伟大的演说家！他的演讲是极富激情的，能传递给听众许多有用的信息。

习惯塑造的强大力量

管理大师肯·布兰佳在《如何将知识转化为行动》一书中，沿用了他自创的经典故事教育法，即通过一个情节简单、观点鲜明的商业故事，向读者揭示出深刻的道理。这种潜移默化的教育和启发，也是布兰佳"少即是多"理念的最好体现。

秉承肯·布兰佳的一贯风格，《如何将知识转化为行动》通过简明生动的商业故事迅速深入读者内心，使读者在不知不觉中紧紧跟随书中的节奏。本书文章短小精悍、简洁易懂，富含着深邃的道理与行之有效的方法。仅凭这一点，就值得所有商业培训机构不遗余力地加以宣传和应用了。

Dennis Dewilde

不容错过的管理学经典

我不是专门做人力资源的，但作为一名运营主管，我运用人力资源的思维模式进行思考、决策的时候是相当多的。有个问题一直困扰着我，那就是作为雇主方的企业，花费大量时间、金钱、人力来对员工进行培训，究竟是值还是不值？要知道，即使是安排网络上的虚拟培训课程，耗费的成本也是巨大的。

我自己也参加过许多培训课程，而每次学习结束都会有难以将所学知识较好运用的困扰。这对于担任公司运营主管的我来说，是不是有些讽刺呢？

《如何将知识转化为行动》不但让我对这一普遍问题有了更加深刻的了解，而且还提供了许多切实可行的好方法，能够有效帮助读者解决相应的问题。这一点比起其他许多泛泛而谈的论文、著作来说，的确尤为可贵。

Tim Leonard

完美无瑕的"学习—行动"体系

温故而知新是学习的一大秘诀。要理解并学会运用《如何将知识转化为行动》中的方法和理念，只读一遍当然是不够的。紧紧跟随三位大师的足迹吧，前方的路一定不会走错！

B. Mast

管理学著作的集大成者

管理学大师布兰佳、梅耶和卢赫在该书中用最精练、最直白的语言表明了自己的观点。我喜欢这种寓言寓理的写作方式，它比枯燥的学术著作要生动、有趣得多。

作者还指出了阻碍或影响教育投资产生回报的三大原因，即信息过量、消极过滤及后劲不足。至少对我而言，他们的观点和方法是准确无误、行之有效的。

Jim Gesuelle

知识性强

《如何将知识转化为行动》深入考察和分析了人类，特别是成年人的学习方式，对为什么人们往往很难将学到的新知识转化为行动等问题作出了解释。

对于在公司拥有人才培训、方案制订等方面话语权的人来说，《如何将知识转化为行动》是再好不过的参考手册了；而对于普通读者，本书也能提供充分而恰当的信息，帮助他们更好地将所学的知识运用到实际生活当中。

总之，这是一本值得细细研读的好书。

S. D. Ravago

实用性与愉快阅读体验的完美结合

全书理念新颖独到，方法切实可行，所有的推理、论证皆严谨而细致。更可贵的是，该书在予以读者巨大启发、教育的同时，也充满了幽默感和可读性，真可谓是妙趣横生。读者会不自觉地跟随作者或是书中人物的脚步，思其所思，感其所感。

全书一读完，我就有了立即行动起来的强烈渴望。我预感，《如何将知识转化为行动》将会为我的生活带来翻天覆地的变化。

Paul Froeschle

书名可谓名副其实

这本书集中而详尽地分析了执行不力的原因所在，并给出了切实可行的解决办法。

它沿袭了肯·布兰佳经典的寓言寓理风格，用极其精练且生动的语言收到了许多长篇巨著都难以实现的效果。它行文紧凑，结构安排独具匠心，且不乏幽默生动的案例，让人不忍释卷。读完它，我的第一感觉就是：《如何将知识转化为行动》的书名可谓名副其实，它的确能引导读者进入充满信心、整装待发的最佳状态。

Susan M. Drexler

图书馆或培训机构都需要《如何将知识转化为行动》

图书馆及各种培训机构是企业领导、专家学者及在校学生获取知识、汲取养分的最好去处。对于任何一家图书馆或培训机构来说,《如何将知识转化为行动》一书都是值得收藏的经典著作之一。

Midwest Book Review

思维导图

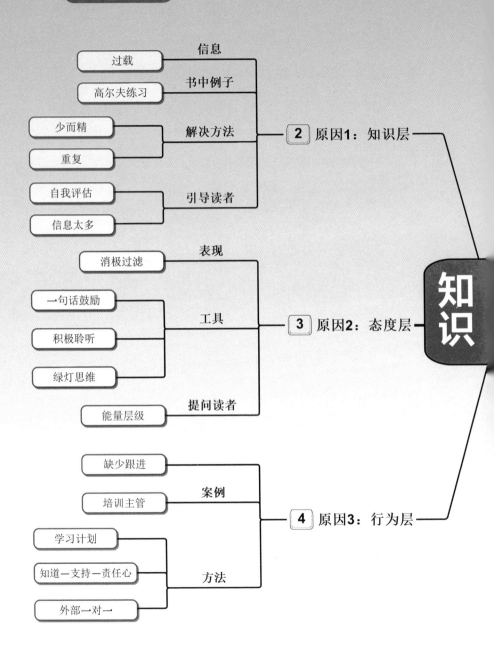

过载 — 信息

高尔夫练习 — 书中例子

少而精 ⎤
重复 ⎦ — 解决方法

自我评估 ⎤
信息太多 ⎦ — 引导读者

2 原因1：知识层

消极过滤 — 表现

一句话鼓励 ⎤
积极聆听 ⎥ — 工具
绿灯思维 ⎦

能量层级 — 提问读者

3 原因2：态度层

缺少跟进 ⎤
培训主管 ⎦ — 案例

学习计划 ⎤
知道—支持—责任心 ⎥ — 方法
外部一对一 ⎦

4 原因3：行为层

知识

KNOW CAN DO!

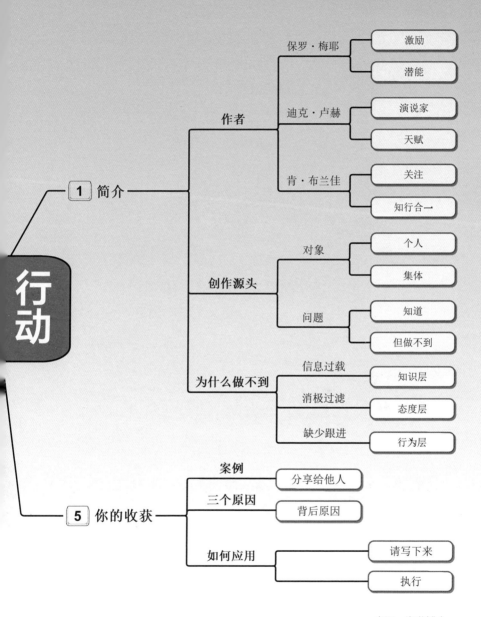

来源：海龙博士

KNOW CAN DO !

真正的改变从内心开始

　　在想到要写这本《如何将知识转化为行动》之前，这个问题我已经思考了很长时间。很多年前，一位好朋友问我："在你的工作中，最让你感到失望的事情是什么？"这个问题发人深省，曾经一度让我陷入了深深的思考。

　　正是在这个时候，我意识到，最令我失望的是我感觉自己的工作似乎并没有产生广泛而持久的影响。虽然很多人都读过我的书，但他们当中很大一部分人并没有将我所谈到的理念付诸实践，没有把它们持之以恒地应用到自己的日常工作中。让我担心的是，有些人似乎只是满足于口头上大谈领导行为，而不是真正地将其付诸实践。

一位朋友曾告诉我，可能是我的思路不对，因为我只是在尝试从外部改变人们的行为。接着他谈起了自己的经历——他以前也是采取同样的做法，直到有一天，他突然意识到：一个人行为的改变总是先从内心想法的转变开始，然后才逐渐由内而外变化的。

听了这话，我立刻感到他的观点是正确的。这么多年来，我的关注点一直集中在领导方法和领导行为上，却始终没有考虑过人们的大脑到底在想些什么。

听完这位朋友的话，我意识到自己的确需要想出办法来消除"知"与"行"之间的鸿沟，从而找到一种能够在关注人们外部行为的同时，也改变他们内心活动的方法。

就在这时，保罗·梅耶出现了。

近半个世纪以来，保罗一直是行为变革领域的先锋。他在 1960 年创建的成功激励机构主要致力于"激励人们释放自己的全部潜力"。我把自己的困惑告诉了保罗，他非常兴奋地答应帮助我解决这个问题。一旦有人向保罗提出一个挑战，他便会以一种不可思议的热情去应对这个挑战。

经过一段时间的思考，保罗为自己担任董事的一家大型跨国公司准备了一场主题演讲。演讲的题目是"缺失的一环：怎样才能把你从书本、录音带、电视录像或研讨班上学到的知识应用到实际工作中"。这就是《如何将知识转化为行动》创作的开始。

跟保罗一起研究这个问题实在是一件大快人心的事情。他是一位了不起的企业家，先后创办了40多家公司，全球销售额超过20亿美元。而我先后出版了40多本书，在某些人看来，我也是一位了不起的作家。但是要想组成一个团队，我们还需要一位愿意四处宣讲的演说家。

我立刻就想到了迪克·卢赫。他已经跟我合作了将近20年，一直是我们的头号演说家，经常在世界各地发表演讲。迪克自己也写过几本书，但在《如何将知识转化为行动》这个项目上，他的演讲天赋却跟保罗和我是"天作之合"。

最终，"1+1+1"所得到的结果远远大于3。我们都为这个项目兴奋不已，希望能够通过它，为你和你的组织提供所需要的策略，帮助你把自己所学到的知识转化为实际行动。

　　我们知道，真正有效的减肥食谱只有一个，那就是能让你持之以恒的那个食谱；同样，我们相信，只要能够让人持之以恒，哪怕是一些最简单的工具，也可以帮助你真正改变自己的生活，把你所掌握的知识变为实际行动。

　　希望我们的梦想成真，预祝你们能够实现自己的目标。

Ken Blanchard

肯·布兰佳

目　录

KNOW CAN DO!

01　为什么无法学以致用？　　　　　　　1

学习不只是一段在脑子里完成的过程，只有当你真正将自己学会的东西变成实际行动时，你才是在真正地学习。

学习本身就是一段从"知道"到"做到"的旅程。如果你不能将自己知道的东西变成实际行动，那它还有什么用呢？

02 知识层面的转变   27

想真正了解一个领域，你必须透彻地吸收一些重要信息，而不是盲目地接触大量信息。要想掌握一样东西，你必须完全沉浸其中，直到将其完全吸收。你必须慢慢地咀嚼、消化，直到它变成自己的一部分。

03 态度层面的转变   51

一个人行为的改变总是先从内心想法的转变开始，然后由内而外逐渐变化。

建立一个积极的信息过滤系统，练习对自己说：我知道自己读到或听到的东西有价值，是什么呢？

04 行为层面的转变 95

要想改变某个行为，得到自己预期的结果，你需要指导、支持和问责。

当这三个要素同时具备时，你便可以制订一份出色的跟进计划，而这正是将知识转化为行动的最关键所在。

KNOW
CAN DO!

KNOW CAN DO !

为什么无法学以致用?

KNOW CAN DO!

学习不只是一段在脑子里完成的过程，只有当你真正将自己学会的东西变成实际行动时，你才是在真正地学习。

学习本身就是一段从"知道"到"做到"的旅程。如果你不能将自己知道的东西变成实际行动，那它还有什么用呢？

第 1 章
知行鸿沟

　　有一位成功的作家，写了一些简单的真理。他写书的目的是帮助自己和其他人用一种更有效的方式管理和激励身边的人。所有读过他的书的人都喜欢他的故事和他所传达的信息。他的书大受欢迎，卖了成千上万本。但有个问题却一直在困扰着他。每当有人告诉他"我读过你所有的书，真的非常喜欢它们"时，这个问题便开始在他的脑海中浮现。

　　多年来，这位作家的学习经历让他懂得，真正的学习一定会改变一个人的行为。

　　事实上，在他看来，学习本身就是一段从"知道"到"做到"的旅程。所以每当听到有人表扬他的作品，并大谈自己

最喜欢的某个理念时，他通常会问："这些知识和理念到底对你的行为方式产生了哪些影响呢？"

大多数人都很难回答这个问题。于是，他们最终常常会转而谈论另外一个理念，或是作家创作的其他书，以此来转换话题。

这种类型的沟通最终让作家得出结论，一个人所知道的东西，例如他们从书本、录音、录像、研讨班上学到的东西，与他们的实际做法（他们如何应用自己学到的东西）之间存在着一条巨大的鸿沟。

作家意识到，时至今日，科技发展已经达到了令人难以置信的程度，所有人都可以轻松地接触到大量知识，这就让这种鸿沟变得尤为巨大了。他发现，人们往往会用大量的时间去获取新信息，而不是想办法将自己新学到的知识应用到日常生活中。

在他的研讨班上，他想尽办法让人们变成真正的学习者，能够将作家教给他们的知识进行实际应用。在读研究生时，作家曾经从一位多年研究"学习问题"的教授那里学会了三件事，在他的研讨班里，作家督促所有人学会这三件事。

第一件是坚持记笔记。除非一个人能够拥有一对照相机般的耳朵（这种人只占人口总数的 0.0001%），否则他根本不可能仅靠听来完成整个学习过程。事实上，研讨班结束 30 小时之后，那些仅靠听来学习的人就只能记得不到 50% 的内容。24 小时之后，他们会再忘记 25%。而 1 个月之后，他们所能记得的新知识就不到 5% 了。

每次受邀在公司的年度会议上发表演讲时，作家都会强调这一点。他总是问大家："去年是谁为你们做的演讲？"这时大家就会大挠头皮。

"那位演说家都说了什么呢？"接着他又会问，这时听众就会绞尽脑汁去回忆，可他们真的记不起自己到底听过了什么。所以作家总是强调前来参加研讨班的学员一定要记笔记。

作家做的第二件事情就是督促学员在 24 小时之内重读笔记，总结那些让自己"啊哈"一声（恍然大悟）的东西，或者是一些重要的理念。他建议学员将其清楚、整洁地写在一个笔记本上，或者把它们储存在计算机里。

为什么一定要清楚、整洁地记录呢？因为他发现，在参加完研讨班之后，大多数做了笔记的学员都会立刻把笔记归档，而不是复习。过了一段时间，当有人问："你去参加的那个研讨班上到底说了些什么啊？"这时他们就会打开自己的文件，左看右看，有时甚至认不清自己的笔迹了。这样的笔记毫无意义。

> 《早起的奇迹》
>
> 请你拿起一支笔，边阅读边做笔记。画线、标着重符号、折页，以及在旁边的空白处做记录，最好将这些方法全部用上。

第三件事，作家督促学员把自己学到的知识传达给别人。他建议，在结束培训回到家里一个星期之内，他们最好能邀请工作中比较重要的伙伴来待上半天时间，和他们分享自己从研讨班上学到的那些让自己"啊哈"一声的东西。作家知道，要想开始应用新知识,途径之一就是把它传授给别人。

但只有很少的学员能够真正听从这些建议。只要一回到办公室,他们似乎就重新忙碌起来。这就凸显了一个问题:让人们应用自己刚学到的知识并不是一件容易的事。

虽然有些失望,但作家似乎并没有因此灰心,他开始寻找填补这一鸿沟的方法。他前往大学校园,向教授请教;拜访公司,向培训主管请教;他还拜访了基金会,向那些学习专家请教。结果他发现,大家都遇到了同样的问题,却没有一个人能够找到有效的答案。一段时间后,作家开始怀疑自己是否能找到真正的答案。

一天吃完晚饭后,作家突然在一期《财富》杂志上看到了一篇关于传奇商人菲尔·莫雷(Phil Murray)的文章。菲尔是一位成功的企业家,旗下拥有多家获利丰厚的公司。但真正让他感兴趣的,是他发现菲尔原来早已在个人培训行业取得了巨大成功。

其中,最让作家感到兴奋的,是菲尔公司学员的评论。这篇杂志文章引用了大量案例,受访者都谈到自己在菲尔的

项目中学到的东西已经改变了他们的生活。

"真的！他们真的学以致用了！"作家大叫了起来。

第二天早晨，作家找到了菲尔的网站，拨通了他公司的电话。幸运的是，作家发现，菲尔公司的总部距离自己只有一个小时的路程。一位名叫艾弗林的行政助理告诉作家菲尔不在，"他和妻子正在北卡罗来纳州的度假小屋休假"。了解了作家的情况后，艾弗林坚持要他给正在度假的菲尔打个电话。

"我不想让工作上的问题打扰他的休假。"作家说。

"不用担心。"艾弗林大笑着说，"菲尔对工作和休假之间的区别并不清晰，他生活的主要内容就是帮助别人。我相信他会很高兴接到你的电话。"

到底是哪一种特质使得成功人士和普通人迥然有异?

真正的成功人士把他们一生大部分的时间投入那些既能使人生更有意义,又能让他们感到幸福的行动中去。

换句话说,真正的成功人士都拥有正向力。

""

美国管理研究院终身成就奖得主热销14国的经典之作

《向上的奇迹》

第 2 章
缺失的一环

作家拨通了企业家在度假小屋的电话，迎接他的是一声温暖而真诚的问候。

作家先是做了自我介绍，然后说："很抱歉打扰您的休假，莫雷先生，但您的助理艾弗林告诉我，您不会介意回答几个问题的。"

"叫我菲尔吧，"菲尔说，"对了，顺便说一句，我也很喜欢读你的书。"

没过几分钟，作家就感觉已经跟对方成了老朋友了。作家解释完自己为什么打这个电话后，立刻就感觉到了菲尔的兴奋之情。

"我也对这'缺失的一环'思考了很久。"菲尔说。

"什么?"作家问。

"缺失的一环,"菲尔重复道,"就是我们在读书、听CD,或者参加研讨班等学习过程中所缺少的东西。"

"缺失的一环,这正是我要找的。"作家说,"人们似乎很喜欢我的书、音频、视频,还有我举办的研讨班,可是,我并没有见到很多人能够学以致用。人们所学到的和他们的实际做法之间存在着一条巨大的鸿沟,这简直让我发疯!"

"说来听听吧!"菲尔真诚的笑声通过电话传了过来,"要想让人们实际应用自己所学到的东西,你首先要让他们作出一些改变,而改变并不是件容易的事。"

"的确不容易。"作家说。

"之所以会出现这种情况,主要有三个原因。第一个原因是信息过载。也就是说人们接收到的信息太多了。这其实是一个很容易掉进去的陷阱,因为如今人们可以很容易地去读一本新书、看一段新视频,或是参加一个研讨班。知识来得非常容易,但却并不会实际改变他们的行为。"

作家点点头:"我想你说得对。获取新知识要比应用已有的知识有趣得多。如今人们之所以会习惯性地不断获取新知识,原因可能就在于此吧。"

菲尔继续说:"获取知识要比应用它们有趣得多,但这并不是人们没能学以致用的唯一原因。第二个原因可能会让你有些吃惊,那就是消极过滤。

"人类的信息处理系统其实相当混乱,也就是说,他们有一种'发臭思维症'(stinkin' thinkin',是指对那些积极的、哪怕是对自己有利的信息半信半疑,或者干脆拒之门外的症状。——译者注),这种消极的态度总是让他们止步不前,而且就像你已经发现的那样,一个人的态度是很难改变的。如果没有一个积极开放的态度,你就很难消除知行之间的这条鸿沟。"

"所以你的意思是,"作家说,"因为知识很容易获取,所以我们总是在不断获取更多知识,而不是采取实际的行动去应用它们。在这个过程中,我们的消极思维会发生作用,从而削弱我们学以致用的动力。"

　　"你学得真快。"菲尔说,"第三个,也是最后一个原因,就是缺少跟进。举个例子,你认为有多少人不知道吸烟有害健康呢?"

　　"我想可能没有一个人不知道。"作家说。

　　"难道你认识的大多数吸烟成瘾的人都不愿意戒烟吗?"菲尔问。

　　"我想很多烟民都愿意。"

———《如何将知识转化为行动》———

如果没有一个积极开放的态度,你就很难消除知行之间的这条鸿沟。

　　"那为什么还是有那么多人没有戒烟呢?因为要做到这点很难。这种习惯已经深深植入他们的生活中了。改变习惯或行为都需要他们付出真正切实的努力。但大多数人都不知道该如何采取切实的行动去改掉自己的习惯,改变自己的行为。"

"听了您的见解，"作家说，"我感觉消除知行差距不仅十分困难，而且也是一件非常复杂的事情。"

"坦白说，并没那么复杂。"菲尔说，"一旦了解人们没能学以致用的三个原因，所有问题就都变得清楚了。然后你就可以帮助人们越来越多地应用自己从书本、音频、视频和研讨班上学到的知识，进而改变自己的生活了。要想做到这点，关键就在于重复、重复、重复！这就是那缺失的一环。"

"你是说重复就是人们的'所知'和'所行'之间那缺失的一环？"作家问。

"肯定是的，"菲尔说，"重复是克服所有知行差距的三个问题的关键。"

就在这时，作家听到电话那端传来一个孩子的声音，"爷爷。"

"我还想多了解一些，"作家说，"但我已经占用你太长时间了。听起来好像有人需要你了。"

"我说，"菲尔的声音里透着温暖，"为什么不等几个星期之后来看看我呢？那时我就到家了，我们可以深入谈谈重

复的重要性，以及它能如何帮助我们获取更多知识，并改进我们的态度和行为。"

"说定了，"作家说，"你的执行助理艾弗林和我已经成了好朋友，所以我会请她安排的。"

"很希望能见到你。"菲尔说。

《如何将知识转化为行动》

要想让人们实际应用自己所学到的东西，你首先要让他们作出一些改变，而改变并不是件容易的事。

只有当我们对自己产生好奇时，才会有动力去改变。简单来说，好奇就是强烈渴望知道或学习一些东西，如果你不再好奇，你就无法探索自己。

帮助成千上万人走出低谷的金牌人生教练力作

《活出最佳自我》

第 3 章
间隔性重复

两个星期之后，作家坐在了菲尔家的客厅里。客厅布置得随意而幽雅，根本没有像他这种身家的人应有的奢华。客厅的一面墙上开了一排窗子，从窗子里可以看到起伏的群山间一条深邃幽绿的峡谷。

"你说人们之所以没能学以致用，主要有三个原因，还说克服这三个原因的关键就是重复。"作家说，"能跟我多谈谈这个话题吗？"

"我是说重复、重复、重复！"菲尔纠正道，"这里的重复实际上是指间隔性重复。"

"间隔性重复？"作家迷惑地大声问。

　　"是的，"菲尔说，"间隔性重复是一种学习技巧，在使用这个技巧时，你不止在一种场合接触某一信息。你会隔一段时间就重复接触到这条信息，直到它最终沉淀下来。"

　　"还有呢？"作家说。

　　"有人把间隔性重复称为行为条件学习（behavioral conditioning）或内部强化（internal reinforcement）。我的好朋友约翰·海盖（John Haggai）称其为'所有技能之母'（the mother of all skills）或'持久变化之母'（the mother of permanent change）。之所以这么说，是因为仅仅通过一句话很难让一个人产生持久的变化。它必须不断地被重复，不是不间断地反复，而是经过一段时间的反思之后再重复。"

　　"广告商一直都在这样做，"菲尔接着说，"他们把这些重复称为'印象'（impressions）。他们发现，在让客户了解自己的产品并说服他们采取行动之前，你一定要让他们多次接触到你的产品或服务。"

　　作家一边沉思，一边眺望山谷上空翱翔的雄鹰。"所以说，**一个懂得重复的力量的人会拥有决定性的优势。**"

"毫无疑问，"菲尔回答，"你很难通过一次谈话就改变一个人的信念。我们没有办法只凭一句话就让人们看到、感觉到，或是去做某件事。如果想要让某条信息产生预期的结果，你必须学会间隔性地重复它。"

《如何将知识转化为行动》

记住，只有通过坚持不懈的重复，我们的头脑才能向新的可能性开放。

自我肯定是一种合理的人生转变工具，只要你一遍又一遍地重复某些话，直到自己都相信它们，就能改变人生。

立竿见影的人生行动指南

《奇迹公式》

- 当人们做一件事很长时间之后，就发现自己很难作出改变。

- 务必一次将思维集中到一件事情上。

- 要想成为真正的学习者，学会记笔记是非常重要的。

- 重复可以让人们更好地了解自己的工作，以至于将其变成自动的过程，并最终实现好的结果。

KNOW CAN DO!

KNOW

CAN DO!

KNOW CAN DO !

02

知识层面的转变

KNOW CAN DO!

想真正了解一个领域，你必须透彻地吸收一些重要信息，而不是盲目地接触大量信息。要想掌握一样东西，你必须完全沉浸其中，直到将其完全吸收。你必须慢慢地咀嚼、消化，直到它变成自己的一部分。

第 4 章
鸿沟1：信息过载

"你曾经说过，人们之所以没能学以致用，第一个原因就是信息过载。"作家说，"我们接触的信息的确太多了。那么间隔性重复会怎么解决这个问题呢？"

"问得好，"菲尔说，"信息过载的确会带来一些问题。它会让我们变得毫无积极性。"

"听起来就让人痛苦，"作家说，"我刚刚在一家高尔夫学校体会到了这一点。你知道，以前我一直对高尔夫一窍不通，后来我报名参加了一个为期 3 天的培训班，希望能提高自己的高尔夫球技。可结果却恰恰相反——我的球技变得更糟了。"

"真的吗？"

"是的。他们教的东西太多了。当我回家想要练习时，结果糟透了。我整个人都呆住了。由于同时要注意那么多问题，我一时变得无所适从。"

"我曾经听人说过这点。"菲尔说，"这肯定会让你感觉非常沮丧。"

"这么说来，不停地读完一本又一本书，或者参加一个又一个研讨班到底还有什么用处呢？"作家问。

"读书、参加研讨班并没有什么不对，"菲尔回答，"这些都是最基本的学习方法，我们需要它们。可如果我们总是在接触新知识，却没有停下来去整合它们，并将其付诸实践，问题就来了。如果继续这样不停地接触新知识，我们的大脑就会堵塞。如今之所以会有越来越多的人被淹没在信息的海洋之中，原因就在于此。"

"那该怎样解决这个问题呢？"作家问。

"还是让我来问你个问题吧，"菲尔说，"为什么鱼不会被淹死呢？"

"这个问题很有趣,"作家微笑着说,"难道鱼比人还聪明吗? "

"当然不是,"菲尔大笑,"但鱼的确有一个内置的监测系统,可以帮助它们从水中只接收自己想要的东西,而这个系统是正在面对海量信息的人类所需要的。"

—— 《如何将知识转化为行动》

每个人每年都可以集中学会一些新东西,而不是盲目地接触许多新事物。

"这听起来像是一个专注度问题。"作家说。

"我想你说的没错,"菲尔答道,"我们首先必须确定自己需要学什么,然后才能更有效率地去学这些东西。"

"有意思,"作家说,"我的一位朋友丹尼最近也去了一所高尔夫学校,结果他现在球技好多了。"

"这一定让你很郁闷吧! "菲尔说,"两所学校之间到底有什么区别呢? "

"就是我们刚谈到的，"作家说，"区别就在于专注。第一天，学校通过录像分析了丹尼打球时的每一个动作细节，然后为他确定 3~4 个学习目标，在他毕业之前不会再教给他任何新东西。"

"毕业？"菲尔问。

"要想完成学习目标，达到毕业水平，丹尼必须连挥 10 杆。每一杆打完后，他必须告诉教练自己是否达到了对方的要求。如果没有做到，他必须向教练说明自己在下一次挥杆时该如何纠正。"

"这个例子很好，"菲尔说，"教练要确定自己的学员能够学以致用。《韦氏词典》的发明人诺亚·韦伯斯特（Noah Webster）曾经说过，他宁愿彻底读透几本好书也不愿进行大量泛泛的阅读。我觉得，说到底，要想掌握一样东西，你必须完全沉浸其中，直到将其完全吸收。"

"我想这种说法有些过头了，但我明白你的意思。"作家说，"你对这点深有体会。它听起来就像是我们的老朋友，间隔性重复。"

"没错，"菲尔说，"据说通过间隔性重复彻底读透少量资料对你的心理所产生的影响，要超过泛读（只读一次）20本书所产生的影响。不断接触新信息，偶尔参加一些研讨班，或者只读一遍书，这些都只会让你养成迅速遗忘的习惯。那样你只是在训练自己获取信息，而不是学以致用。正确的做法则恰恰相反。"

> 《如何将知识转化为行动》
>
> 要想掌握一样东西，你必须慢慢地咀嚼、消化，直到它变成自己的一部分。

"能多谈谈遗忘习惯吗？我的确经常忘记很多自己读到或听到的东西。"

"每个人，包括你和我的大脑总是在不断地处理一件或两件事，要么是学习新的东西，要么是遗忘。一旦忽视了某件事，我们很快就会将其遗忘。而当学会用间隔性重复来集中思考某件事时，我们就会记住它。"

"难道说参加一个好的研讨班，我是说只参加一次，就毫无价值吗？"

"当然有价值，"菲尔说，"但带支钢笔和笔记本重复参加几次要比只参加一次更好。这是一种可以帮助我们跳出'遗忘流程'的方式。读书也是同样道理。你需要一次又一次地阅读，划出重点，找出需要强调的地方，写出核心思想，然后不断地复习。"

"听起来当你第二、第三次读一本书，或参加一个研讨班时，你并不只是在重复第一次时做的事情。"

"绝对不是，"菲尔说，"第一次读一本书时，我只是从头到尾通读一遍，大致了解书里的内容。第二次读我会划出一些重要的理念。第三次我可能会做笔记。第四次，我会选择一位学习伙伴跟我一起读。重要的是，每重读一次，一定要间隔一段时间。我们必须设法保持自己的学习兴趣，并集中学习那些我们想要实际应用的东西。"

"这种做法真的非常必要吗？"作家问。

"根据我的经验，的确非常必要。"菲尔说，"要想真正了解一个领域，你必须透彻地吸收一些重要信息，而不是盲目地接触大量信息。"

"而且我们应该不断地重复这种做法，你想说的是这个意思吗？"作家说。

"是的，"菲尔说，"人们应该少而精地学习，而不是多而浅地接触大量信息。"

—— 《如何将知识转化为行动》 ——

将自己的能量集中到少数几件事上；学习应该少而精，而非多而浅。

"举个例子，你是说，我们不应该读那么多书，而是要多次反复阅读几本书吗？"作家问。

"是的，"菲尔说，"这就是我前面所说的间隔性重复，而且人们应该少而精，而非多而浅地学习。"

"在对你公司员工进行培训时，你又是如何贯彻这种理念的呢？"作家问。

"为什么不去我的办公室，跟我们的培训主管德维恩·哈珀（Dwayne Harper）谈谈呢？出了这条大路向右拐，大约 5 英里路程，马路左边就是我们公司的总部。艾弗林会帮你约见德维恩的。"

告别时，菲尔用力地握了握作家的手。"见过德维恩之后再回来吧，我们可以共进午餐。"

"好的。"作家说。

深入那个能让人内心平复、无所顾虑的个人领地，那里只有你和你的本能，能让自己专注，不受消极情绪的干扰。

乔丹、科比的极限训练师力作

《野蛮进化》

KNOW CAN DO!
行动笔记

_____/_____/_____

第 5 章
"少而精"地学

当作家到达德维恩的办公室时，他看到的是一位跟随菲尔共事多年的老人。德维恩随和、优雅，浑身散发着一种政治家的风范，极具魅力。他微笑着邀请作家到自己办公室的讨论区就座，这让作家感到莫大的荣幸。

"菲尔一直在跟你讨论如何消除知行鸿沟的问题吧？"德维恩说。

"是的，"作家说，"我发现很多人，包括我自己，都很难消除这个鸿沟。菲尔说人们必须'少而精'地学习。"

德维恩笑了笑："这个理念一直在主导着我们集团所有的公司在培训、发展以及商业交易过程中的所有活动。"

"你觉得这个理念怎么样？它真的有效吗？"作家问。

德维恩点点头："开始跟菲尔共事之前，跟大多数培训主管一样，我总是热衷于不停寻找一个新的管理理念，而不是跟进了解那些刚刚接受过培训的人。

"我喜欢设计一个庞大的培训项目，让每个人都经历一遍所有流程，然后再寻找下一个新的培训理念。为了判断自己的工作是否有效，每次培训结束后，我都会让参与者对培训进行一次态度评价（attitudinal evaluation）。我们每次都能得到高分，但实践证明，这些培训并不总是那么有效。学员们并不会把我们所教的东西应用到实际工作中。"

"你是如何改变这一点的呢？"作家问。

"从菲尔那儿了解到'少而精'的理念之后，我们开始集中讲授我们觉得人们应该学会的几个理念，然后不断地进行间隔性重复，直到它们完全融入人们的思考和行为方式当中。"

"这么说你们会用更多时间在培训之后进行跟进，而不是去设计更多新的项目？"

　　"是的，"德维恩说，"我们会投入大量时间进行跟进，而不是去设计、组织，或是提供培训。我们相信，这种培训效果要比学员们在任何其他地方、从任何其他人那里接受的培训效果都要好。"

　　听起来不错，但作家还是有些怀疑，"能举个例子吗？"

　　"当然，"德维恩说，"几年前，我们决定把公司的客户服务质量提高到超一流的水平。我们并不只是想满足客户需要，而是要彻底征服他们。当你向客户提供超一流服务时，客户就会兴奋不已，甚至会四处传播你的服务，他们会自动成为你的推销员。我们决定将其变成一项长久的工作。我们会进行深入的培训，只讲授少数几样东西，然后不断地重复。"

　　作家扬起了眉毛，"效果怎么样呢？"

　　"无论是从客户，还是从员工的反馈来看，我们都收到了明显的效果，有时甚至是戏剧般的效果。我们会经常性地进行培训，告诉员工应该如何提供超一流的客户服务。一旦在客户服务领域出现了任何新理念，我们就会将其整合进当前的做法中，而不是改变原来的方向。"

　　"的确很有意思，"作家说，"我最近刚刚在一家公司做了一场演讲，他们在我身后的讲台上竖起了一面巨大的旗子，上面写着'客户之年'。看到这面旗，我大笑着说：'下一年是什么？演讲结束后，我想你们就知道我为什么这么说了。'似乎每一年都应该是你们的客户之年。在跟你和菲尔谈过之后，我想你们成功的秘诀就是年复一年不断通过间隔性重复来强化你们所要传达的信息。"

　　"绝对是这样的，"德维恩说，"所以我们要不断督促人们提高自己的服务水平。我们不会每个月推荐一本新书，在整整一年当中，我们只会推荐少数几本。我们会找出自己所能找到的最好的客户服务指南，让所有人都读上几遍，不断从中获取有用的信息。如果这些信息是有用的，我们就希望人们能将其应用到自己的工作中。

　　"大家每年还会接受一次为期两天的'超一流服务'培训，每次培训时讲授的理念都是相同的，但我们每年都会采用不同的方式讲授。当然，我们还会提到一些新理念，但一定要确保这些理念会被整合进我们的培训内容中。作为培训主管，我会不断强化这些信息，我要确保大家能够把这些信息转化为一种积极的态度，并将这种态度进一步转化为具体的行动，将客户变成不断为我们唱赞歌的崇拜者。"

《如何将知识转化为行动》

将信息转化为积极的态度，将态度进一步转化为具体的行动。

"听起来是一个很棒的策略。"作家说。

"这个策略可以帮助你的公司实现巨大的飞跃。"德维恩说，"我们想让我们的员工完全熟悉这些理念，直到他们将其转变为一种自动的行为。一旦做到这一点，他们就真的可以创造奇迹。"

"创造奇迹？你指的是什么？"作家问。

"一旦大家完全理解了我们的客户服务目标，并掌握了自己工作的所有环节，他们就会把实现这一目标当成一件理所当然的事。这样他们就会有时间去观察机会，创造出一些

能够彻底征服对方的客户体验。"

"能举个例子吗？"

"当然，"德维恩说，"比如说公司总部的前台人员，她们要负责接待所有的访客，并接听所有的电话，所以我们的前台人员称自己是'第一印象主管'（directors of first impressions）。

"她们经常会想出一些办法来更好地了解客户、预测客户的需要，并努力成为他们的朋友，无论是当对方亲临公司总部，还是只是打来电话，她们都会努力做到这一点。举个例子，我会告诉她们，只要信号灯一亮，就意味着有个电话打来了，这时她们就应该冷静下来，告诉自己，提供服务的机会来了，尤其是当客户打电话来投诉时更是如此。"

"你说的'服务机会'是指什么？"作家问。

"听完我的经历之后，你就明白了。"德维恩说，"上个星期，我们的一位'第一印象主管'史蒂芬尼说自己有个了不起的故事想和我分享。一直以来，她的主要任务就是负责接听电话。她说只要电话一响，灯一亮，她就会让自己冷静下来，告诉自己这是一次提供服务的机会。就在前天，她接到一个奇怪的电话。刚一接电话，她就听到电话那端的家伙冲着她大叫起来：'我会让你们寝食难安的！'她立刻回应道：'是你吗，艾利克斯？'当对方问'艾利克斯是谁'时，她也大喊了一声，'我的前夫！'"

一想到这件事，德维恩就笑了起来："史蒂芬尼说她这句话立刻化解了那家伙的愤怒，对方立刻大笑起来，原来那家伙也有一位非常可怕的前妻。从那以后，她和那位客户就成了好朋友。"

"听起来史蒂芬尼反应相当快。"作家说。

"是的，"德维恩说，"我问她是怎么做到这一点的。她说自从想到每次电话都是一个机会之后，她就变得越来越有想象力了。所以一听到对方在大吼，她第一个想到的就是自己的前夫。"

作家点点头。"我开始明白你的意思了，一旦人们在工作中真正懂得了'少而精'的道理和间隔性重复的重要性，他们就会变得非常有创造力，这的确了不起。"

作家跟德维恩的谈话接近了尾声，他为占用德维恩的时间而向他表示了感谢。在去菲尔家吃午饭的路上，他意识到自己刚刚已经学到了很多。

很快，作家就到了菲尔家附近。转过大路时，他暗暗告诉自己一定要选个时间去参加丹尼去过的那所高尔夫学校，这样不仅能验证一下自己刚从菲尔那里学到的东西，也可以顺便提高自己的球技。

下车之前，他又取出一个小笔记本，在上面清楚地记录下自己刚刚学到的关于信息过载的知识。

成功通常是这么回事：

把自己的才能、金钱、时间或精力，在短
期内集中起来，投入一个优先的事项中，
然后得到自己想要的结果。

让硅谷团队效率倍增的"认知"和"行动"实践指南
《时间管理的奇迹》

人们没能学以致用的原因1：信息过载

- 对于那些只接触过一次的信息，我们通常只能记住其中一小部分。

- 我们应该少而精而非多而浅地去学习。

- 要想掌握某件事，我们必须首先选择一些关键点，隔段时间就重复一下，让自己完全沉浸其中，并不断提高自己的知识和技能。关键在于间隔性重复。

- 一旦真正透彻地掌握了自己的工作，人们就会变得更有创造力，甚至能够创造奇迹。

KNOW CAN DO !

03

态度层面的转变

KNOW CAN DO!

一个人行为的改变总是先从内心想法的转变开始，然后由内而外逐渐变化。

建立一个积极的信息过滤系统，练习对自己说：我知道自己读到或听到的东西有价值，是什么呢？

第6章
鸿沟2：消极过滤

在向作家表示欢迎之后，菲尔领着他来到餐厅，一份美味的三文鱼和拌饭已经摆在那里了。

当他们准备就餐时，菲尔问："你得到自己想要的答案了吗？"

"是的，"作家说，"但我需要把这些答案写下来，然后不断重复，对吧？"

"我说过，你学得很快！"菲尔说。

作家说："我想我明白了专注和重复可以克服人们没能学以致用的第一个原因。我现在已经准备好听第二个原因了。你不是说这跟发臭思维有关吗？"

菲尔微笑着说："说得对。人们经常表现得太过消极，这会大大削弱他们的信息过滤系统。问你个问题，你觉得积极思维比消极思维更强有力吗？"

"是的，我觉得是这样的。"作家说。

"那么请告诉我，"菲尔说，"你可以在积极思维和消极思维之间进行选择吗？"

"当然，每个人都可以选择。"作家说。

"那为什么大多数人都不去选择积极思维呢？"

作家喝了口水，想了想。"这个问题问得好。"他答道，"就像你提到的那样，如今消极思维要远比积极思维更为流行。我也想知道这是为什么。"

菲尔沉默了一会儿。"因为我们一直在受消极思维的影响。"

"为什么会这样呢？"作家问。

"你想想看，刚来到这个世界时，我们要完全依赖父母或其他法定监护人来生活。我们无法选择自己的父母或代理父母，也无法选择自己的生活环境。

"最初，我们所有人都在寻找一种无条件的爱。我们不想接受那些有条件的爱，不希望别人根据我们在某一天说了什么、做了什么而决定是否爱我们。我们想要别人无条件地爱我们。可不幸的是，所有聚集在我们身边的人，包括我们的父母自己都未必得到过这种无条件的爱，所以他们也很难付出这种爱。因此，他们经常会根据我们的表现来有条件地爱我们。这就使得我们总是会不自觉地做一些能够让自己得到关爱，或有某种归属感的事情。"

"这跟消极思维有什么关系呢？"作家问。

"作为孩子，我们会尽量通过自己的成就来赢得关注，从父母那里寻求表扬和认可。这是一个充满挫折感的过程，因为跟我们一样，父母也总是倾向于强调那些消极的事情。当我们表现良好时，他们会认为这是理所当然的，所以就什么也不说；而一旦我们做错某些事，他们就会大发雷霆。"

"但你难道不觉得，当孩子表现出格时，大人的确需要纠正他们的行为吗？"作家问。

"当然需要，"菲尔说，"但他们的积极行为同样需要得

到强化。当我们做对事情却没有人发现时，我们就会开始对自己以及其他人产生怀疑。我们会逐渐设立一些防御机制来保护自己。大脑会逐渐产生一种消极的思维方式，开始对所有发生在自己身上的事进行过滤。我们的大脑变得封闭。我们开始用一种批判的眼光看待周围的一切，我们会因为恐惧而对很多事情妄下断言。"

《如何将知识转化为行动》

当人们互相分享积极的情感时，他们的大脑会同步跟随，显示出同样积极的活动，于是"爱"的本能被强化。

"我的父母就很了不起，"作家说，"我想他们并不是一直在观察我做错了什么事。"

"所以你对自己的感觉非常好。"

"一般情况下是的，"作家说，"但我对自己还是有些疑惑和恐惧。"

"为什么会这样呢？"菲尔问。

"可能是在学校里养成的吧。我那时经常对学校生活感到厌倦，这给我带来了很多麻烦。当时最主要的问题是，我并不很善于朗读，可有些老师却经常让我在全班同学面前朗读。这实在令人尴尬，尤其是当我读错某些单词时，更是感到无地自容。"

"这可真有意思，"菲尔说，"那你后来是怎么成为一名作家的呢？"

"这本身就是一个很有趣的故事。我本来不擅长写作，但我对领导力很感兴趣，所以就有人开始请我讲授关于领导力的课程。于是我就从系主任那里选修了一门关于领导力的课程。我本来只是想要旁听，可他坚持要我拿学分，这就意味着我不仅要参加考试，还要写论文。他说的没错，我最终学到了很多。

"学期结束时，他请我跟他一起写教科书。他当时教授领导力课程已经有 10 年了，但要写本教科书时，他还是感觉非常紧张。他觉得我是一名很好的写作者，认为我们可以组

成一个不错的团队。他是第一个表扬我的写作水平的人。在他的鼓励下，我开始跟他一起工作，在接下来的 1 年里，我们写了一本教科书。直到今天，40 年以后，那本书还在使用。"

"他的鼓励真的非常重要，不是吗？"菲尔问。

"的确是的。一旦写完了一本书，人们就感觉你有能力写作，于是你就会得到其他机会。很快，我意识到，这么多年来学校里流传的那些'你并不善于写作'的传言是错的。就这样，我最终成了一名畅销书作家。"

"但你用了很长时间才克服这些消极想法。"菲尔说。

"没错。这的确很有意思。我的父母总是对我抱有一种积极的态度，但学校里的很多人却大肆贬低我的阅读和写作能力。"

菲尔笑了笑，"从你自己的例子就可以看出，如果你坚持相信人们所说的那些消极的东西，你就不会取得如今一半的成就。你应该对此感到欣慰"。菲尔拿过了面包篮，把它递到作家面前。

"谢谢！"作家一边说着，一边拿起了一片面包，"在我们聊天的过程中，我想我明白了两件事：第一，一个对你充满信心的人可以改变你的人生；第二，我们完全可以选择自己去聆听什么。

"如果我总是在聆听那些否定我的人的话，我可能就会选择接受一个不是那么有挑战性的工作，对自己的期待也会变得非常有限。在爬出'消极之匣'的过程中，我最最需要的，就是一句鼓励的话。"

"你非常幸运，"菲尔说，"很多人都受到了太多打击，以至于即便是有人提供积极反馈，他们也很难相信。他们会对这些积极反馈持怀疑态度。

"这很令人难过，但大多数人都无法克服那些消极经历所带来的影响，"菲尔叹了一口气，"他们只能发挥出一小部分潜力，由于太早就接受了这些消极的东西，所以在接触每件事时，他们都会用自己的消极思维和那种封闭的、判断性的思维方式进行过滤。"

"很高兴，我是为数不多的幸运者之一，因为有一个适当的人在适当的时候闯进了我的生活。但总的来看，如今的

情况的确令人沮丧。"作家说。

"是这样的，"菲尔表示同意，"我们大多数人都是在消极思考的乌云下度过了自己的一生。当我们读书、听录音或者是看什么东西时，总是会带着法官的心态去评判它们，这对我们的大脑、心灵，还有我们的未来都是完全不公平的。这是一种最糟糕的自虐。如果一个人的过滤系统受到了损害，他就很难成为一名学习者。"

"那么一种消极而封闭的心态会对你的学习产生怎样的影响呢？"作家问。

菲尔想了一会儿，说："事实上，在我们所接收的信息中，只有很少一部分信息有机会被我们记住，更不要说进入我们的潜意识，被我们接受，并实际应用到自己的生活当中了。

"当我们读书、听录音、看录像或参加研讨班时，我们是带着自己当时的心态去阅读或聆听的，在很多情况下，我们都是在用一种焦虑、消极、犹豫不决、先入为主或者是坚持固有思维的态度去判断自己所接收到的信息。

"我们本来可以 100% 地听到自己身边的人在说些什么，

听到自己身边出现了什么声音，我们可以 100% 地通过阅读让那些书和文献中的理念进入我们的大脑。

"但由于我们的大脑常常是封闭而消极的，所以我们听到或读到的信息就会在我们的潜意识里遭遇心理上的堵塞，我们正是通过它来接受、相信、理解和使用信息的，结果最终只有 10% 的信息能够进入我们的潜意识。这就好像一个十车道的高速公路上的车汇聚到一条车道上一样。你觉得结果会是怎样？"

"交通堵塞，"作家说，"有什么办法可以疏通这种堵塞，提高信息进入潜意识的百分率吗？怎样才可以重新疏导通向潜意识的交通呢？"

"有办法。"菲尔说，"而且这种办法实际上会让你的生活发生一场根本性变革。"

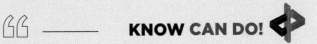

KNOW CAN DO!

正面反馈的作用相当于里程碑，让人们知道自己暂时做得不错，应该继续努力。

如果不清楚自己所做的哪些事情，达到了别人的期望值、需要坚持去做，就很可能因为不了解其中的价值，而任意停止做这些事。

高情商修炼秘籍

《高效沟通的艺术》

第 7 章
积极聆听

　　"要想多留住一些自己所学到的东西，关键就在于要带着一种开放、积极的心态去聆听。"菲尔说，"接下来我会给你一些提示。"他拿起一摞纸，在上面写道：

聆　听

- 不要带有任何偏见或先入之见；

- 带着一种学习的态度，对新的信息感到兴奋；

- 带着积极的期待；

- 手里拿支笔，准备做记录；

- 带着强烈的欲望，不仅要仔细聆听对方的讲话

  内容，还要努力激发出自己的想象力；

- 带着一种"我该如何应用"的态度。

"这种心态可以激发出'啊哈'的经历，让你抵达自己的人生巅峰。"菲尔说。

作家一直在仔细地聆听。"你的意思是，"他说，"只要能带着一种积极的过滤系统去聆听，我就不再只能吸收自己听到和读到的 10% 的内容，而是学到比想象的多得多的知识。"

"你说得对，"菲尔微笑着说，"举个例子，一旦学会用一种积极的心态去倾听，你就会把你听到的内容跟自己接触过的其他东西联系起来，你甚至会想出一些新的方法来应用自己所学到的知识。但要想做到这一点，你首先需要对自己

接触到的新信息，保持一种开放的心态，无论它来自哪里。这就是让自己成长的最好方式——带着一种开放而积极的心态去聆听、去学习。这样，肥沃的土壤就可以让里面的种子结出千百倍的果实。"

"这太令人兴奋了，"菲尔接着说，"因为它会带来一种可能性思维（possibility thinking）。这样你不仅能 100% 地吸收自己接触到的信息，开放的心态还会让你的知识扩展许多倍。你不仅可以疏通大脑中的交通堵塞，还可以开辟一些前所未见的道路。有时候你会离开路面，开始飞翔，因为一个开放、积极的过滤系统可以激发你的创造力和应变力。我们会想出很多比最狂野的梦想还要狂野的可能。"

"我想这或许能解释为什么有些人能取得远远超出众人的进步，"作家说，"他们不只是加倍提升自己的业绩，而且会成百倍地提升。"

"是的，"菲尔说，"这些人都是可能性思考者。这些人的特点是：他们对新信息保持开放心态，而且不断寻找机会来应用自己学到的新知识，他们的做法甚至超出了他们的老师、

导师或教练所能想象的方式。他们是可能性聆听者(possibility listeners)、可能性参与者（ possibility participants ），以及可能性实践者（ possibility doers ）。可能性思维不仅可以给你带来持久的态度变化，而且会影响到你的业绩和生活。"

"你自己是否领教过可能性思维的力量呢？"作家问。

菲尔说："当然有，记得有一个星期天，我活力四射地走出教堂。当时的我处于一种令人难以置信的创造力高峰期。我打开车上的收音机，听到了一首歌，这首歌给我带来了巨大的灵感，于是我立刻把车子停在路边，为自己即将开设的一门课程列出了一个大纲。这门课程最终变成了我们的旗舰产品，在近 30 年的时间里，一直都是我们最畅销的课程，给我们带来了超过 1 亿美元的利润。

"之所以会出现这种情况，一个最主要的原因就是，我有一个积极的态度。如果我是带着一种消极的态度参加祷告，我就会跟其他人一样陷入一种心理上的堵塞。但我让自己内心所有的道路都保持通畅，这把我带到了一些自己从来没有想到过的地方。"

"听起来可能性思维的确改变了你的生活和事业。"

"当然是的。"菲尔说。

可作家还是感觉这有些让人难以置信。"但即使是可能性思维，也只能让你到达这一地步，"他说，"难道有些事情真的是不可能做到的吗？"

菲尔回答道："可能性思考者经常会作出一些'不可能的事情'，当罗杰·班尼斯特（Roger Bannister）在1954年5月6日创造在4分钟内跑完1英里的纪录时，他的表现就体现了一种可能性思维。

"当时公众一致认为，4分钟内跑完1英里对于人类来说是绝对不可能的，但班尼斯特还是跑出了3分59.4秒的成绩。这在1954年时被认为是令人难以置信的事情。可一旦它变成了现实，在不到7个星期的时间里，约翰·兰迪（John Landy）就跑出了3分57.9秒的成绩。

"在接下来的15年当中，罗杰·班尼斯特的纪录先后在177场比赛中被打破了260次。堪萨斯州的一名高中生吉姆·里恩（Jim Ryun）在1965年用3分55.3秒的成绩打破

了班尼斯特所创的纪录。这件事可以让我们知道，一旦人们一再突破 4 分钟的门槛，它就会被看成是一件普通的事。在这个过程中，人们对于 1 英里跑标准的看法也从消极（这根本不可能）转变为积极（我可以做到）。"

作家说："这个例子很好。菲尔，它不仅可以帮助人们学到更多东西，而且还可以造就可能性思考者，他们不仅能创造奇迹，甚至能改变历史。"

"但一定要记住，即使拥有一个积极、可能性的心态，你也需要进行重复。只有当多个人打破了班尼斯特的纪录之后，那些认为'人类不可能在 4 分钟内跑完 1 英里'的人才会相信这的确是可能的。我们知道，62% 的观念在被人接受之前，都需要满足一定的条件，那就是……"一边说着，菲尔从笔记本里撕下了一张纸，在上面写道：

呈现

呈现

呈现

呈现

呈现

作家若有所思地点点头，"我想我明白你的意思了。我克服自己在学校里养成的消极思维习惯的方式有些类似于……"他也从口袋里掏出钢笔，写道：

我不会写作

我不会写作

我不会写作

我会写作

我会写作

我是名作家！

菲尔说："有趣的是，呈现 6 次似乎正是间隔性重复的秘诀。"

"为什么这么说呢？"

"我发现，当人们第一次接触时，他们会立刻拒绝，因为这个想法跟他们之前的想法有些冲突；第二次接触时，他们会抵制，因为他们仍然无法接受这个想法；第三次接触时，他们会部分接受，但在实际应用的时候仍然会有所保留；第四次接触时，他们会完全接受，因为他们感觉这个想法跟自己一直以来的想法完全一致；第五次接触时，他们会将其应用到实际工作中，会部分吸收，将其转化为自己的想法；等到第六次接触时，他们会将其据为己有，完全吸收，并将其传播给其他人。"

菲尔带着作家来到了自己的书房，从文件柜里抽出了几页文件。"我的研讨班有一些这方面的宣传单。"

"是这样写的。"他把宣传单递给作家。上面写道：

从拒绝到吸收

第一次接触：拒绝

我之所以拒绝它，是因为它跟我之前的想法冲突。

第二次接触：抵制

嗯，我明白了，但我还是无法接受。

第三次接触：部分接受

我同意这个想法，但是在应用时还是会有所保留。

第四次接触：完全接受

你知道，这个想法跟我的想法完全一样。

第五次接触：部分吸收

我想我今天就会应用这个想法。太棒了！

第六次接触：完全吸收

我昨天就已经把这个想法告诉我的一位销售人员了。跟你说句大实话吧，这想法现在是我的了。

　　"谢谢，"作家说，"这的确非常有用。当我在写作问题上打破了我的消极过滤系统之后，我似乎开始对很多事情都养成了一种更加积极的态度。但真的一定要经过这 6 个步骤吗？"

　　菲尔说："不，还是有捷径的。通过自己的积极思维所体验到的积极经历越多，你就可以自动跨越这 6 个步骤。这样一来，许多创造性的想法几乎会不知不觉地浮现出来。最终你就会像我一样，成为一个反向偏执狂（inverted paranoid）。"

　　"什么是反向偏执狂？"作家问。

　　"反向偏执狂就是那些认为世界在合伙照顾自己的人。当一个人总是习惯进行积极思考时，他就容易成为一名反向偏执狂，但这需要一个过程。有时候人们在完成这个过程时需要帮助。"

　　作家想了想："能举个例子吗，在你的组织中，有没有人从一个消极思考者变成了一个积极思考者呢？"

　　"当然有，而且我会把你介绍给她。她就是苏珊·阿尔克特（Suzanne Alcott），我们的首席运营官（COO）。苏珊是我所见过的最聪明的年轻女性之一，是一位了不起的 COO，但她以前差点把我和我的管理团队逼疯，因为她是一个极其严重的消极思考者。几乎每次有人提出一个新想法时，她就会立刻当头泼一盆冷水。"

作家微笑起来。"COO 难道不就该这么做吗？"他问，"他们的工作就是确保人们只做正确的事。"

"作为公司日常运营的管理者，的确，他们需要知道该如何说不。可当时苏珊差点儿就吸干了所有人的能量。幸运的是，时至今日，她已经实现了非常了不起的转变。你为什么不去跟她谈谈呢？"

"我的确很想见到她。"作家说。

"我想你知道该怎么安排约见。明天早晨在我的办公室见面吧，这样我们就可以整理一下你所学到的东西了。"

KNOW CAN DO!

在面对面的交谈中，我们需要认识到，包括肢体语言、眼神交流、语音语调在内的暗示，都是沟通的基础。

全流程提升工作效能的实践指南

《价值激活》

第8章
"可能性"思维

　　当作家到达苏珊·阿尔克特的办公室时，他见到的是一位灵气逼人、充满活力，正兴奋地想要跟他分享自己故事的年轻女性。

　　"每次想要告诉人们该如何从消极心态转变为积极心态时，菲尔就会让人来跟我谈。"说着她善意地笑了起来。

　　"我的确很想听听你是怎么做的。"作家说。

　　"我想菲尔一定告诉过你，我以前总是喜欢泼冷水。我的做法早已超出了一名充满疑虑的 COO 的范畴。幸运的是，第一年结束时，菲尔跟我进行了一次毫无保留的谈话。"

　　"毫无保留？"作家充满疑惑。

"是的，"苏珊说，"他非常有爱心，但同时也非常坦诚。他告诉我，'苏珊，你是我所见过的最出色的 COO 之一。你了解我们这一行，我相信你能确保我们不会犯错误，但你的消极批判思维方式让我和所有的团队成员都要发疯了。所以，我希望你把改变这种思维方式作为自己明年最重要的任务。'

"我告诉菲尔，我非常清楚他的意思，但我不知道该如何实现这一目标。

"'从现在开始，'他告诉我，'每次和我开会，或者参加任何小组会议时，我希望你能运用绿灯思维（Green Light Thinking）。'

"我当时根本不知道菲尔所谓的'绿灯思维'是什么意思。于是我请他解释一下，他说：'下次参加会议时，只要一有人提出任何新想法或新的项目建议，你就立刻开始指出为什么你觉得这个想法或建议是可行的。换句话说就是，你要鼓励大家接受这个建议。在人们提出所有积极、富有创造性的看法之前，你要阻止任何消极的反馈。哪怕是跟我私下里开会，我也希望你能启动自己的可能性思维。'"

苏珊一边摇着脑袋，一边继续说："这可真让我大吃一惊，但我知道自己并没有任何选择。菲尔想让我成功，他不会容许我继续应用他说的那种消极过滤系统。"

"你在开会时还可以发表任何反对意见吗？"作家问。

"是的，"苏珊说，"每次菲尔和我们开会时，在绿灯思维过后，我还可以启动黄灯思维（Yellow Light Thinking）。虽然我并不能第一个发表反对意见，但我们都可以给出自己认为最重要的反馈意见。不过有一点，那就是在给出任何消极反馈之前，我们一定要首先给出积极的反馈。"

"你觉得这个方法效果怎样？"作家问。

"好极了，"苏珊说，"刚开始，我有些排斥这种做法。但过了一段时间，情况就发生了变化。由于过于集中在积极的可能性上，所以每次到了该亮黄灯或红灯时，我反而想不出任何反对意见了。我的关注点已经发生了彻底的改变。"

"可如果是这样，你还能成为一名合格的 COO 吗？ COO 有时的确是需要提出反对意见的。"作家问。

苏珊点了点头，"我想我是合格的，菲尔也这么认为。但

因为我现在已经成了一名真正有创造性的可能性思考者，所以大家很喜欢跟我在一起。如果没有这种先绿灯后黄灯的安排，我想我可能根本过不了这一关。"

"这个过程给你带来其他好处了吗？"

"是的，人们现在更加重视我的意见了。"苏珊说，"在进行黄灯思维时，我也会提出自己的担心，这时人们就会更加认真地倾听我的意见。由于我已经不再总是唱反调，所以他们会更加慎重地对待我所给出的消极反馈。"

———《如何将知识转化为行动》———

在给出任何消极反馈之前，我们一定要首先给出积极的反馈。

离开苏珊的办公室后，作家让艾弗林安排自己第二天跟菲尔的会谈。

她微笑着说："听起来你们似乎进行得非常顺利。"

"那是当然。"作家大笑着说。

走向自己的汽车时，作家感觉自己的大脑转得飞快。我要放松一下，他告诉自己。幸运的是，他已经跟朋友丹尼约好一起去打高尔夫了。

真是一个打高尔夫的好天气，作家和丹尼的最初两洞打得都很好。在打第三个洞时，作家一杆打进了沙坑。他一边走近沙坑，一边向丹尼抱怨："我讨厌沙坑。这是我在打高尔夫时最讨厌的情况。"

"为什么你会用这种消极的方式思考呢？"丹尼问，"在我学习的那所学校里，他们告诉我，如果你感觉自己不擅长某个部分，你猜结果会怎样？你就肯定不会发挥得很好。试试看吧。"

"好吧，我的万事通先生。"作家说。

"遇到沙坑时，不妨大声告诉自己，'我喜欢沙坑。我是这里最出色的沙坑球手之一'。然后就像一位最出色的沙坑球手那样进入沙坑。"

虽然觉得这样做有些愚蠢，但作家还是听从了丹尼的建议。让他吃惊的是，走到高尔夫球旁边时，他居然真的感觉

很舒服。他挥动球杆，击中球后几英寸的地方，看着球滚出了沙坑，然后又看着球向前滚了几英寸，慢慢滚进了球洞。

"小菜一碟！"他冲着丹尼大叫。随后，两人不约而同地大笑起来。

"我知道这方法一定行，可我没想到居然这么快就见效了。"就在两人走向绿地取回作家的球时，丹尼说。

"我也没想到，"作家说，"可我一上午都在了解积极思考的力量。"

《如何将知识转化为行动》

练习对自己说："我知道自己读到或听到的东西有价值，是什么呢？"

那天晚上，回到家放松时，作家开始总结自己从菲尔、苏珊，还有自己的好朋友丹尼那儿学到的东西。

第二天早晨，作家来到菲尔公司的办公室。当菲尔出来迎接他时，作家立刻眼睛一亮。"进来吧。"菲尔向他招手。

菲尔的办公室跟他的家一样，也布置得舒适而简单，事实上，跟大多数 CEO 的办公室相比，菲尔的办公室显得非常朴素。房间四周摆满了各种精美的体育纪念品，还有整整齐齐的一排图书；一扇大窗户旁边摆着一张圆形会议桌，窗外是一片安静的森林。

作家一边在会议桌边的椅子上坐下，一边迫不及待地跟菲尔讲起了自己打高尔夫的经历。

"漂亮的小鸟球，"菲尔说，"听起来只要一改掉你的发臭思维症，你的水平立刻就有了明显的提高。怎么样，跟苏珊谈得愉快吗？"

"受益匪浅，"作家说，"我非常喜欢绿灯思维。"

"这个策略无疑让苏珊可以有足够的时间去养成新的思维和过滤信息的方式。"菲尔说。

"很明显是这样的，"作家说，"她甚至告诉我，自己现在已经很难提出消极的建议或告诫了。"

"千万别上她的当，"菲尔说，"需要提意见时，她还是可以毫不费力地挑出一大堆毛病。但她现在也是最善于支

持新想法的人之一，也是我们未来办公室（The Office of the Future）的一名主要提倡者。"

"未来办公室？这可是一个新名词，"作家说，"能解释一下吗？"

"当然可以，"菲尔说，"大约 10 年前，我就意识到，当今的世界发展得太快，我们不仅要管理好眼前的工作，同时还要去积极开创自己的未来。不仅如此，我还发现，后一种工作显然不适合公司那些要负责当前运营的管理者。这些只关注眼前的人很可能会葬送我们的未来，因为他们要么过于关注眼前，要么会因为利益关系而固守现在的做法。"

"的确有意思，"作家说，"我想能够同时在当前和未来两个维度上进行思考的人并不多。"

"的确是这样的，"菲尔说，"于是我委派我太太爱丽丝担任未来办公室主管，她是我所认识的最积极的可能性思考者之一。除了她之外，她的小组还包括其他 3 名成员，这些人的工作跟我们公司的日常运营没有任何关系。他们的主要任务就是面向未来，考虑科技等领域的新变化将会对我们的现有业务产生怎样的影响。'9·11'之后，他们成功地拯救了我们的培训业务。"

"很多生意都在'9·11'之后遭遇了灭顶之灾，"作家说，"很多人甚至都不去旅行了。"

"的确如此，"菲尔说，"但爱丽丝和她的员工一直在研究电话会议、远程教育、虚拟会议等令人兴奋的新事物。事实上，最近我们有两名培训人员会在凌晨 1: 00 — 3: 00 时在我们的会议大楼里工作，他们通过电话和电脑为欧洲 6 个国家的 120 名管理者提供培训。"

"这些管理者的反响如何？"

"好极了。"菲尔说。

"这可真让人兴奋，"作家说，"所以你的公司里有一个部门是专门交给那些积极的、面向未来的可能性思考者管理的。"

"是的，没错。"

作家再次掏出了自己的笔记本。

"我们已经讨论了人们没能学以致用的第二个原因是消

极过滤。"作家一边看着笔记，一边说，"我想我明白了，积极聆听和"可能性"思维可以帮助人们克服这个问题。好了，现在我已经准备好了解第三个，也是最后一个原因了。"

解决了眼前的问题后，积极设想之后可能遇到的问题会很有帮助。

这样，就可以提前在心理上战胜这些障碍并对可能出现的结果进行预判，这种想象可以让我们保持理智和冷静。

普通人积累财富最值得收藏的传家之书

《富爸爸的财富花园》

人们没能学以致用的原因2：消极过滤

- 由于在年少时并没有得到无条件的爱和支持，所以我们开始对自己和其他人产生怀疑。

- 自我怀疑让我们开始对所有的信息进行过滤，无论是从图书、录音带、录像、培训班，还是从谈话中获取的，在过滤的过程中，我们会犹豫不决，会封闭自己的观念，让自己带有先入之见，会带着批判的心态，甚至会产生一种恐惧心理，所有这一切都会让我们形成一种消极的思维方式。

- 消极思维会让我们：
  只能学到或利用自己接触到的一小部分信息；
  只能发挥自己的一小部分潜力；
  过早地拒绝大部分信息。

- 积极、开放的心态最有利于我们的成长，它会引发我们的创造力和应变力，最大限度地激发我们的灵感。

- 我们必须设法敞开自己的心胸。每次接触新信息时，我们不要总是琢磨这些信息错在哪里，而应该成为绿灯思考者，积极发现其中的正确之处，并告诉自己："我知道自己读到或听到的信息是有一定价值的，可它究竟在哪儿呢？"

- 将封闭、消极的心态转变成开放而积极的心态并不是偶然事件。一旦下定决心要作出改变，你就需要制定一套清晰的策略，不断加强自己的新思维方式。

KNOW CAN DO !

04

行为层面的转变

KNOW CAN DO!

要想改变某个行为，得到自己预期的结果，你需要指导、支持和问责。

当这三个要素同时具备时，你便可以制订一份出色的跟进计划，而这正是将知识转化为行动的最关键所在。

第 9 章

鸿沟3：缺少跟进

"还是那么好学！"菲尔大笑着说，"听起来这几天学到的东西让你受益匪浅。"

"的确如此！"作家说，"它对我的影响不只体现在高尔夫球技上。我非常想知道怎样才能学以致用。我翻了一下以前的笔记，你说人们没能学以致用的第三个原因是缺少跟进。"

"没错，"菲尔说，"有些人在接触了新事物之后，没有制订一个跟进计划，猜猜结果会怎样？"

"我想他们很快就会恢复旧习惯。"

"一点儿没错，"菲尔说，"要想将知识变为行动，你需

要制订一个跟进计划，这就是我向苏珊提出的要求。当我说服她应该放弃四处泼冷水的消极过滤系统之后，如果我们没有一起制订一份跟进计划，她可能根本不会产生任何变化。当然，她可能会在某段时间里保持一种比较开放的心态，但过不了多久，她的老习惯就会卷土重来。"

作家点点头："这让我想起了彼得·F. 德鲁克（Peter F. Drucker）的话，'没有什么好事是偶然发生的。'"

"一点儿没错，"菲尔说，"要想改变某个行为，得到自己预期的结果，你需要指导、支持和问责。人们没有将知识转化为行动的第三个原因是缺少跟进，而这是所有障碍当中最难克服的，所以我们才需要制订一份周密的计划。"

"为什么说它是最难克服的呢？"作家问。

"这还是有一些历史背景的，"菲尔若有所思地回答，"我是从我父亲那里学到跟进策略的重要性的。他是来自德国的一名大师级工匠。他一再告诉我，'除非能得到名师指点，否则千万不要接受一份工作。'"

"这到底是什么意思呢？"作家问。

"他是说，他希望让我能为一位真正了解我想要学习的东西的人工作。我父亲是我见过的最棒的老师。他的跟进学习系统非常简单。他会：

跟我说明

做给我看

让我尝试

纠正我

跟我说明

做给我看

让我尝试

纠正我

跟我说明……

"他会一次又一次地这么做，直到我完全理解了他所讲的或演示给我看的东西。"菲尔接着说，"比如，我的第一辆自行车。当时我们在一处垃圾场捡到了一辆自行车，把它拖回家，将其拆散，然后他会边做边讲，告诉我该怎样将自行车拼装到一起，怎样固定车闸，怎样装上链条，并对自行车来次彻底的大修。可当我们一起完成拼装之后，他让我重新把它拆散，再将其拼装好。就这样，我一次又一次地重复，直到我几乎闭上眼睛都可以完成这一切。"

"这的确是段难忘的经历。"作家说，"毫无疑问，他是在给你指导，赋予你责任，告诉你该怎么做，然后让你自己负责做一遍。"

"是的，"菲尔说，"父亲当时是在本能地做一件正确的事。演示完后，他会接着帮我跟进。他的这套学习系统可以确保我在一开始就明白怎么做才是正确的。"

"我明白了。"作家说，"如果在接触新事物之后没有立即跟进，你很快就会恢复老习惯。"

"真正有用的是，"菲尔说，"要马上开始练习。越快实际应用一种新学会的技巧，你就越容易掌握它。

"但一定要记住，"菲尔强调，"在练习的时候，你一定要把事情做对。就好像我父亲说过的那样。"

作家说："谈到立刻练习新技能的重要性，我想起了自己的学生时代，我不知道自己有多少次为了考试而临时抱佛脚。事实上，只要能每天下课后及时复习一下课堂笔记，我就根本没必要那样做。临时抱佛脚实际上是在重新学习一遍。可如果能够及时跟进，我就可以学得更好。"

《如何将知识转化为行动》

如果在接触新事物后没有立即跟进，你很快就会恢复老习惯。

"这跟修自行车是一个道理。"菲尔说，"我父亲的跟进计划是让我尽快、尽可能多地练习新技能，告诉我要自己负责完成整个工作。他会在一旁监督我，直到我感觉自己可以独立完成这一切。"

"即使你当时还处于叛逆的青春期？"作家问。

"即使是在那时候，"菲尔回答，"当我还是十几岁的少年时，父亲给我买了一辆二手车，那车太破了，以至于我们要把它拖回家。我当时甚至不知道传动轴、汽缸、集管和排气管之间的区别。我完全是个新手。我们一起把整辆车拆散，然后他告诉我，做给我看，让我尝试，纠正我……直到我知道该如何把整辆车拼装起来。你知道结果怎样吗？他把它重新拆散，微笑着告诉我，'把它重新装起来，它就是你的了。'"

"我想这一定是个大挑战。"作家说。

"毫无疑问，的确是的。"菲尔说，"但你能想象我是多想把这件事情做对吗？父亲让我明白，学习不只是一段在脑子里完成的过程，只有当你真正将自己学会的东西变成实际行动时，你才是在真正地学习。我如今已经变成了一名终身学习者，因为我相信成功人士懂得如何学习，并且会制订出学习计划。

"除非人们有动力想要去学会一件事，并制订出计划去正确地完成，否则他们根本不会坚持太久。我父亲为我创造了一个需求，并为我制订了一份计划，让我更好地跟那辆车合为一体。没错，那辆车已经成为我的一部分。我这辈子最难过的记忆就是我因为参军而卖掉那辆 A 款老爷车。"

"你离开家之后呢？"作家问，"还能坚持自己从父亲那里学会的跟进习惯吗？"

"是的。"菲尔微笑着说，"当我到达南卡罗来纳州的福特杰克逊时，我创造了一项新的纪录，在最短的时间里把一台机器拆开，然后又组装到一起。起初是拆装来复枪，我比任何人都做得更快更好，这都要感谢我父亲。事实上，我之所以能在很多领域，包括后来创建的培训项目中取得成功，秘诀就在于他教会我的东西。想想看，如果你不能将自己知道的东西变成实际行动，那它还有什么用呢？"

"听得出来，你非常感激自己的父亲，而且也为有这样的父亲而自豪。"作家说，"但我并没有听你提到支持问题。这难道不是一份有效的跟进计划的第三个要素吗？"

听到这里，菲尔的表情顿时变得严肃起来："坦白说，虽然父亲很想让我取得成功，而且也给我提供了大量的指导，

并让我学会了对自己的表现负责，但我还是不能说他是一个善于提供支持的人。"

"这么说他从来没有注意到你做对事情了？"作家问。

"为什么要这么说呢？"菲尔问。

"在我所教过或写过的所有东西当中，对我来说，最重要的就是注意到别人做对事情。"

作家继续说："在我看来，要帮助一个人取得发展，或者是建立一个伟大的组织，关键就是要强调积极面。在提供培训，并帮助人们取得进步时，我总是告诫管理者，'千万不要等到人们完全做对一件事之后才去表扬他们。'刚开始，他们的表现可能只是接近于正确，但这时你就应该提出表扬。因为你所面对的目标总是在不停地移动，所以你一定要按照进度提出表扬。然后你再纠正他们，这样他们才能继续改进自己。"

《如何将知识转化为行动》

注意别人做对了什么，而不是犯了什么错。

"我明白你的意思了，但我父亲并不是这么做的。"菲尔说，"虽然我知道父亲很想让我成功，但用你的话来说，他从来没有注意到我能做对事情。他总是在告诉我怎样才能做得更好。直到很多年以后，我才意识到这种做法对我所产生的消极影响。"

"有什么影响呢？"作家问。

"比如说，它影响了我的人际关系。"菲尔缓慢地说，"当我在推销保险时，我一年当中聘请了数百位销售代理。你可以想象，我要做很多培训、告知、演示、问责，还有纠正。有一天，一名代理走上前来告诉我，'菲尔，你能偶尔拍一下别人的肩膀吗？那样对所有人都有好处。'"

"你怎么回答的？"作家问。

"我努力想了很长时间，"菲尔说，"后来我意识到他说得对，但我需要想清楚具体该怎么做。"

"千万不要觉得只有你一个人有这种经历。"菲尔接着说，"我们大多数人都更善于注意到别人犯了什么错，而不是做对了什么。

"我现在明白这个道理了，但我也知道，如果一个人感觉自己总是得不到表扬的话，他要么会放弃尝试，永远也不会取得成功，要么就会非常渴望成功。"

"非常渴望？真的吗？"作家问道。

"是的，我就是个例子。"菲尔说，"我的内心总是充斥着一种想要取得成功的欲望。可我最终意识到，我只是仍然希望得到父亲的认可罢了。"

作家说："这就更说明了我为什么会对你父亲的跟进计划抱有疑问了，这份计划里根本没有提到该如何表扬一个人。在'让我尝试'这一步骤之后和'纠正我'之前，应该有一个'表扬我的进步'的步骤。"

――《如何将知识转化为行动》――

要帮助一个人取得发展，或者是建立一个伟大的组织，关键就是要强调积极面。

　　"你说得对。我父亲的跟进系统当中应该包括一个积极的步骤，但这可不是他的风格。可在后来对自己的员工应用跟进系统时，我们的确加上了这个重要的步骤。我们勇敢的人力资源主管赫伯敢于直接顶撞我，坚决要求我们改进这套系统。现在，除了提供必要的结构和责任感之外，我们公司的跟进计划中还特别提到要留意他人的进步，并通过这种方式来向对方提供支持。"

　　"我很想跟赫伯聊聊。"作家说。

　　"好极了，"菲尔说，"这样你就可以知道我们是怎么做到这一点的。我随后再跟你聊吧。"

你的长期目标是通过短期目标来实现的，而短期目标是能让你达成长期目标的每一步。

把你的长期目标分解成较小、较容易实现的指标或目标，让你更容易跟进团队的工作进展，并在必要时调整方向。

世界级体验设计师、潮流创造者的终极秘诀

《黄金服务》

KNOW CAN DO!
行动笔记

_____/_____/_____

第 10 章
表扬进步并进行修正

那天上午晚些时候，作家敲响了赫伯办公室的门。赫伯显然事先已经听说作家要来了，因为他见到作家之后的第一句话就是："我知道你喜欢发现别人做对的事情。"

"的确如此。"作家回答，"我喜欢菲尔的说法，要想真正弄懂一件事，你必须愿意接受指导，并跟随大师学习。但我感觉他从父亲那里学到的跟进系统（告知、演示、尝试、纠正等）并没有强调要关注积极面。他告诉我是你向他指出了这个问题，所以你们公司现在使用的学习系统中包括了'要发现人们做对事情'这个环节。我很想了解一下。"

"很高兴告诉你我们的做法。"赫伯说，"首先，我向你

介绍一下这件事的背景吧。一般情况下，我们公司只聘请两种人：赢家和可能的赢家。赢家是那些做事很有经验，能够完成我们的任务，并且有着良好记录的人。"

"他们通常并不需要太多帮助，对吧？"作家问道。

"一点儿没错。"赫伯说，"在自己擅长的领域之内，他们都可以充分发挥自己的潜力。他们只是需要在刚刚加入公司时多了解一下公司的业务、组织文化，以及我们的远景目标。"

"还有，要知道什么是'好的行为'。"作家又说。

赫伯说："是的，他们需要知道自己什么时候可以来个本垒打［击球员将对方来球击出后（通常击出外野护栏），击球员依次跑过一、二、三垒并安全回到本垒的进攻方法。——译者注］，一旦了解了我们的业务，对我们的远景目标和作业标准也有了清楚的认识，他们就不需要再接受指导了。这时，他们所需要的就不再是大师级的导师，而是大师级的啦啦队了。"

"告诉我你们怎么对待那些可能的赢家吧。"作家说。

"对于这些人，我们相信，只要能够加以适当的培训，他们就会成为赢家。"赫伯说。

"所以你们不会聘请那些会输的人，对吧？"作家微笑着说。

"是的，我们总是会尽力避免出现这种情况。"赫伯大笑着说，"我们想让每个人都有机会赢。对于那些可能的赢家，我们着重想要确定的是他们对学习是否抱有一个积极的态度。"

"你的意思是要确认他们是否有发臭思维症，对不对？"作家说。

"的确如此，"赫伯说，"菲尔总是坚持要求对我们请来的每一个人做个大检查，彻底消除他们的发臭思维症。一旦我们感觉自己请对了人，就会全力关注这些可能的赢家。首先，我们会设计一套个性化的培训计划，其中既有我们自己公司的培训项目，也有一些委托其他公司进行的培训。我们希望帮助他们立刻开始学习。"

"你们是从这时就开始启动跟进系统的吗？"

"是的,"赫伯说,"我们希望通过这些培训帮助他们做到学以致用,将自己学到的东西应用到实际工作当中。在得到菲尔的许可后,我们对公司以前的跟进学习系统进行了修正,将其修改为:

跟我说明

做给我看

让我尝试

观察我

表扬我的进步或进行修正

"你会发现我们增加了一个新的步骤——'观察我',此外还将'纠正我'改成了'表扬我的进步或进行修正'。"

"这跟我的想法非常一致。"作家说,"但要想表扬或修正一个人,管理者必须出现在对方身边。"

"你说得对。要想表扬或修正一个人,管理者必须在身边观察此人的进步。"赫伯说,"从前,学生们总是跟在老师身边学习，他们的一举一动都在老师的观察之中。而在如今这个时代，一切的节奏都很快，所以当人们刚开始应用自己的新知识进行实际操作的时候，管理者往往并不在他们身边。"

"这就会导致管理当中的海鸥行为，"作家微笑着说，"当学习者犯了错误时，尤其是当本部门的管理者知道了这个错误之后，管理者就会突然出现，大闹一通，臭训一顿，然后转身离开。"

"我从来没听过这种表达方式，"赫伯大笑着说，"但这正是我们想要避免的。我们想让我们的大师级教师跟那些可能的赢家保持紧密互动，尤其是当他们刚开始想要实际应用自己学到的知识时。"

"一个人学习新技能时，他的上司难道不就是一名大师级老师吗？"

"不一定。"赫伯说，"但上司的职责就在于，确保为那些需要指导的员工配备一名出色的老师或教练。"

"人力资源管理无疑会耗费大量时间和精力，对吧？"作家说。

"的确如此，而且也理应如此。"赫伯说，"但还是让我来解释一下吧。在一个人的学习过程中，最关键的时期就是他刚刚接受完培训的那段时间。在很多情况下，当一个人接受完培训，根本没有人关心他刚刚接受完培训的这种情况。于是他回到工作岗位之后，只好立刻埋头处理自己离开的那段时间累积起来的工作，而根本没有时间去尝试应用自己刚学会的东西。

"尤其是那些非技术领域的知识，比如说领导、团队建设，或者像倾听或表扬之类的技能。由于我们公司并不需要派人出去参加培训，只需要他们少而精地学会几项技能，所以我们可以节省许多开支。"

"也就是说，你们比较注重培训之后的管理和指导。"作家说。

"是的。还有一件比较重要的事就是，你不会永远在他人身边告知、演示、尝试、观察、表扬或修正。过了一段时间之后，你教授的指导方式会明显地变成提问、观察我的演示，然后表扬我。"

"最后，"作家说道，"它应该变成自己告知、付诸实践，表扬或修正自己的进步。"

"一点儿没错。"赫伯说，"最后，你希望学习者能变成自己所在领域的大师，这样他们就可以养成一种授权式的领导风格，上级也可以放心地把工作交给他们。然后他们就可以更好地管理自己，或对其他人进行培训。"

> 《如何将知识转化为行动》
>
> 在一个人的学习过程中，最关键的时期就是他刚接受完培训的那段时间。

"我发现，你们非常重视消除团队成员的知行差距。"作家说，"在跟菲尔聊天时，他告诉我，一份有效的跟进计划通常包括 3 个关键要素：指导、支持，还有问责。似乎你的跟进学习系统已经包括了这 3 个要素。"

"绝对是这样的。"赫伯说，"在菲尔的影响下，我们了解到，要成为一名有效的教师或管理者，人们更多需要的是

纪律，而不是艺术。在帮助人们将自己掌握的知识变为实际行动时，这 3 个要素都必须具备。"

"也就是说，要想消除知行之间的差距，你只需要一份简单的跟进计划就足够了？"作家问。

带人的首要动机是帮助他人释放其潜能。
你肯定愿意帮助他人，但那并不足以成为
你带人的强烈动机。

事实上，当你在带人时，自己也是受益者。
带出人才，可以减轻你的工作负担，并得到
更好的工作成果。

激活个体价值与组织生命力的指导手册

《关键 7问》

KNOW CAN DO!
行动笔记

_____/_____/_____

第 11 章
更多指导、支持和问责

　　"既是也不是。"赫伯说，"我知道菲尔肯定告诉过你人们没能学以致用的第三个原因（缺少跟进），这是所有原因当中最难克服的。所以我们制定了一些跟进系统，以此来确保人们能够将自己的知识转化为行动。"

　　说到这里，作家感觉赫伯接下来可能会说出一些非常重要的话，于是他赶紧掏出了笔记本。

　　"举两个例子吧。"赫伯接着说，"第一个例子，我们在公司里推行了一套一对一的学习系统，规定所有的管理者每两个星期都要跟自己的直接下属面对面地单独沟通，时间为每次 15 ～ 30 分钟。"

"谁来安排时间呢？"作家问。

"管理者的直接下属，"赫伯说，"沟通的内容通常是直接下属的工作进度，以及自己是否需要帮助，或者需要怎样的帮助等。但直接下属也可以讨论任何自己想要讨论的东西。毕竟，他们才是会谈的主角。"

"这是真正的支持。"作家说。

"它还可以让管理者进行必要的指导和问责，"赫伯说，"管理者需要每年跟每一位直接下属沟通 26 次，他可以为他们提供大量的指导建议。而且由于双方会经常进行沟通，所以每次年终业绩评估时，下属们也不会对结果感到过于意外。他们的责任感会在双方一对一的沟通过程中逐渐培养而成，它会对我们公司的业绩产生巨大的影响，并帮助我们挽留大量的人才。"

"你是怎么让管理者进行一对一的沟通的呢？"作家问，"这可是需要大量的时间和精力的。"

"**重复、重复、重复，**"赫伯回答，"菲尔就像是一个三年级的老师，他总是在不断重复这种一对一沟通的重要性。

听起来就像是一种酷刑。他还会奖励那些能够按时进行沟通的管理者和他们的直接下属。"

"两者都奖励吗？"

"是的。"赫伯说，"管理员工就像是在培养一种合伙关系。所以在进行员工业绩评估时，我们有 20% 的评分是根据双方一对一沟通的结果而给出的。"

"这显然与传统的自上而下的管理风格有很大不同。"作家说。

"是的，但我们知道，要想消除知行差距，建立一个高绩效的组织，我们就必须这样做。"

"你刚才说还有第二个例子。"作家说。

"是的，"赫伯说，"我们还很相信外来教练的力量。每次一个大型的培训项目结束之后，我们都会给每一位学员安排一名电话教练，最短的时间也有 6 个星期。他们都不在我们公司工作。这样他们就不需要在心理上承受每天面对员工的压力。他们只想要帮助他人，在培训结束之后，能够尽快缩小接受培训者的知行差距。"

"我想这种做法一定非常有用。"作家说。

"的确如此。"赫伯说，"在一次领导力培训结束后，我们发现如果学员能够继续通过电话与我们的外部教练沟通 6 个星期，每个星期至少 50 分钟，他们就可以得到自己需要的指导、支持，并培养足够的责任感，而我们也会得到自己想要的结果。再加上一对一的沟通，这些都可以形成一个强有力的跟进系统，帮助人们更好地将自己学到的东西应用到实际工作中。当人们能够自觉地使用自己学到的东西来实现目标时，我们双方就都取得了成功。"

谈话结束后，作家向赫伯表示了感谢，然后驱车前往菲尔的办公室，去进行最后一次面谈。

走在路上时，他又想起了高尔夫。他知道，即使是去丹尼的那所高尔夫学校学习，但要想真正改进自己的水平，他还是需要制订一份跟进计划。或许这正是他可以跟那位万事通先生分享的东西，这样他的朋友就不会再恢复旧有的坏习惯了。毕竟，无论那学校有多么了不起，学习者总是需要为自己制订一份跟进计划的。

想到这里，作家意识到赫伯刚才的话是多么有用，于是赶紧停下车子，把他的话记在了笔记本上。

当作家走近菲尔的办公室时，菲尔正在外面跟艾弗林谈话。他抬起头来，微笑着说："我相信，在详细地了解了我们的跟进系统之后，你现在感觉一定更好一些了。"

"是的。"作家一边跟菲尔走进他的办公室，一边说。

"提供指导、支持和培养责任感是消除知行差距过程中最重要的部分吗？"作家问。

"可以这么说，"菲尔回答，"但一定要记住，我们的跟进系统是建立在信息过载和消极过滤之上的。除非你首先集中学习几件事，并且根除自己的发臭思维症，否则这套积极跟进系统并不会产生太大作用。但它仍然是弥合知行差距，让我们的项目取得成功的关键所在。"

"我现在明白了，"作家说，"很少有人能够通过读一本书、听一段音频、看一段视频或者是参加一次培训班就改变了自己的生活。你必须卷起袖子亲自实践，成为一名真正专注的学习者。然后你必须学会通过一种积极的心态过滤新的信息。

最后，你必须制订一份计划，将自己学到的新知识立刻应用到实际工作中。"

"总结得很好，"菲尔说，"还有最后一件事情要跟你分享。在每一位成功人士的生活中，都有一条贯穿始终的金线。那就是专注的金线，再加上坚持。所有有所成就的人都有一种独特的能力，他们能够像激光一样将自己的能量集中于一点，并在整个实现目标的过程中始终保持焦点的集中。"

"这是我最担心的，集中目标并进行跟进的能力。"作家说，"我担心自己无法坚持练习你教会我的所有知识。我感觉自己需要一名大师来指导我，给我支持，让我建立足够的责任感。"

菲尔开心地笑："我从来没想过你会提出这个问题。为什么我们不每隔两个星期通个电话，聊上 15 ~ 30 分钟，分享一下彼此的经历，顺便了解一下你可能还需要什么帮助呢？"

"你是说你愿意跟我进行一对一的电话培训吗？"

"是的，我愿意。"菲尔说，"但前提是你要答应我一件事情。"

"什么事情?"作家问。

"答应我,一旦你能做到这些——集中专注于几件事,保持开放的心态,并制订清晰的跟进计划,你就要将你所学到的与大家分享。"

如果不打算推行以改变行为和严格执行为目标的问责制,你的努力注定会前功尽弃。如果你的流程没有得到严格遵循或是未取得预期结果,那么你永远都不可能始终如一地发挥业务潜力。

人人都能落地的简明流程再造手册

《流程!》

人们没能学以致用的原因3：缺少跟进

- 成功人士总是非常渴望学习，并且会制订一份相应的跟进计划。

- 你不能只是偶尔将知识应用到行动中。要想真正进步，你必须制订一份能够为自己争取到必要的指导和支持，并帮助自己培养强大的责任感的跟进计划。

- 告知、演示、尝试、观察、表扬或修正是一种简单有力的跟进计划，它可以帮助那些可能的赢家变成真正的赢家。

- 强调积极面可以大大提高学习者的积极性。在进行纠正之前，一定要对学习者的进步提出表扬，这点是非常重要的。过了一段时间之后，学习者就应当能够进行自我表扬或者是自我纠正。

- 在消除知行差距时，一对一的会谈和外部电话培训也非常有帮助。

学以致用的最佳方法：教授给他人

就这样，菲尔和作家养成了每两个星期通过电话交流一次的习惯。作家告诉菲尔自己生活中发生的一切，包括在好友丹尼推荐的那所高尔夫学校取得的进步。

他们用了两次通话来设计跟进计划，这样作家就不会恢复旧习惯。这些讨论让他们进一步意识到，消除知行差距并没有任何边界，它可以影响到一个人生活的各个方面。

在其中的一次通话中，作家邀请菲尔参加自己的一场演讲。菲尔立刻表示接受，尤其是在作家说出演讲题目是"怎样将你所知道的付诸实践"之后。

"这个题目太棒了。"菲尔说,"你想过把演讲题目改成'知道做到'吗?"

"听你提到之后我才想到,"作家笑着说,"但我发现,**把自己知道的传授给别人是学以致用的最好方式之一**,它可以进一步加强我把知识变为行动的决心。"

"是这样的,"菲尔回答,"消除知行差距不是靠嘴巴说的,更多要看具体的行动。"

几个星期过后,菲尔来到了会展中心,组织者们在登记台已经准备好了他的名牌。他发现,这是 ASTD(一家培训及发展行业的国际组织)的一场年度集会。跟这样一群人探讨消除知行差距的问题真是太完美了。菲尔暗暗地对自己说。

当菲尔走进会展大厅时,大厅里已经挤满了人。作家是这次集会的开场主题演讲人。菲尔猜测,看这样子,这次来参加集会的一定有几千人。他沿着走廊四处闲逛,突然看到靠近前台的地方有个座位。这让菲尔感到非常开心,因为他坚信,坐在前面的人总是能学到更多。

音乐响起,然后是开场白,开场白结束后,ASTD 的总

裁从幕后走到前台。向所有人表示欢迎，并谈了几句这次集
会的重点。然后他话题一转，开始介绍作家，就连菲尔都对
作家的资历大为吃惊，这也让他对自己的这位朋友有了更多
的新的了解。

　　一阵礼貌而热情的掌声后，作家走到讲台中央。他微笑
着感谢总裁刚才的介绍。"我父亲会很喜欢你说的那些话，
但我母亲会相信那是真的。"他开玩笑地说。

　　随后话题一转，作家开始了自己的演讲。

　　"如今我们的培训和发展领域正面临着一场危机。人们很
少会将我们所教的东西应用到实际生活中。如今的人们比过
去任何人都更加了解什么是领导、什么是管理。但如今知和
行之间的差距也在变得越来越大。这个问题曾经让我困惑了
很长时间，直到我最近了解了知和行之间那缺失的一环——
重复、重复、重复。这就是我今天想要跟大家分享的东西。

　　"很多年来，人们都把学习定义为行为上的改变。但我
们并不知道如何去改变人们的行为。我们都知道，改变并不
是一件容易的事，尤其是要想改变一个人的行为。

　　"一个人从'知道一件事'到'做这件事'的过程中，一共要经过 3 个层次的转变。第一个层次的转变是知识层次的转变。这是最简单的，也是花费时间最少的一层转变。要想提高自己的知识层次，你只需要读一本新书、听一段新的音频、看一段新的视频，或参加一次培训班就可以了。

　　"这就引出了人们没能做到知行合一的第一个原因：学习一件新事物要比努力将其付诸实践有趣多了。因此，我们就很容易出现信息过载，让自己沉没在一个信息的汪洋之中。但跟鱼类不同，人类并没有一个内嵌的监控系统，可以帮助我们从水中吸收我们需要的信息，并放掉那些我们并不需要的。

　　"该如何解决这个问题呢？答案就是：重复、重复、重复。我们必须学会将自己的能量集中到少数几件事上。

　　"你需要掌握多少食谱才能真正减轻体重？只要一个就可以了，就是你能真正坚持下来的那一个。所以我们不能总是不停地寻找下一个新的管理理念，而是要学会对我们刚刚被教授的理念进行跟进。

"我永远不会忘记自己曾经为一家公司的管理层做过的一次演讲。在正式登台演说之前，这家公司的总裁邀请我参观他们的公司总部，了解他们多年来一直在传达给管理层的各种管理理念。他告诉我：'我想让你强化我们这些年来一直在重复的东西，而不是为我们指出新的方向。'

《如何将知识转化为行动》

你需要掌握多少食谱才能真正减轻体重？只要一个就可以了，就是你能真正坚持下来的那一个。

"回想起跟这位总裁的这次交往经历，我意识到，要想真正消除知和行之间的差距，顶级管理层的支持是至关重要的。

"那位总裁一直都在坚持将人们的能量聚集到一起。他甚至要求公司每个人每年都要确定自己明年可以在自己的简历上添上怎样的一笔。他觉得每个人每年都可以集中学会一

些新东西，而不是盲目地接触许多新事物。

"所以要想克服知行差距的第一个原因，秘诀就是要努力做到少而精——将精力集中到少数几件事上，然后不断地一次又一次地重复。专注、专注。"

就这样，作家滔滔不绝地讲着。作家对这个话题的把握让他自己都感到大吃一惊。他希望能帮人们将这些知识转变为实际的行动。

突然，作家的脑子里闪现出了一个想法。

"在告诉大家第二个层次的转变之前，"作家接着说，"我想先问大家几个问题。请大家起立。"

等人们站起来之后，作家说："我想请大家做两件事。首先，我想请你们在大厅里随便走上 30 秒，跟尽可能多的人打招呼。但一定要用一种特殊的方式来打招呼，好像他们都无足轻重一样。"

所有人都大笑起来，然后人们开始在大厅里四处走动，却完全忽视了彼此的存在。过了一会儿，作家大叫道："请停在原地，但不要坐下。"

当人群安静下来之后，作家说："现在请大家再走动 30 秒，但这次，请你们像欢迎一位失散多年的老朋友一样欢迎自己身边的人。"

话音刚落，房间里立刻爆发出人们的大笑声，大家相互拥抱在一起，充满着一种积极的能量。过了一会儿，作家大叫道："现在大家都可以坐下了。"

当人群最终坐定之后，作家微笑着说："想想看，我为什么要你们这么做呢？当然是在抛开我来自加利福尼亚这一因素之外。"

所有人又一次大笑起来。

"说正经的，"作家说，"我之所以要你们做这两件事，是想告诉大家，要想成为一位伟大的领导者和一名成功人士，你需要懂得管理人们，尤其是你自己身上的能量。在我刚才请大家进行的两项活动中，你们觉得哪一项会让房间里充满更多能量？"

所有人都大叫："第二项！"

作家说道："那么我是如何改变房间里的能量的呢？我

只是将大家的思维从消极转变为积极，从感觉自己身边的人无足轻重到把他们当成失散多年、你很想见到的好朋友。只是改变了这一点，整个房间里的能量就都改变了。

"你们当中有多少人知道，电脑其实和人脑有很多共同的地方？电脑和人脑都会把你所传达给它们的信息当成真相。当你向电脑中输入一些信息时，它不会说，'你是从哪儿得到这些信息的？它们是错误的。'无论你输入任何信息，电脑都会被动地进行处理。很多年来，我们一直都在这样评价电脑，垃圾进……"

人群跟着大叫道："垃圾出！"

"一点儿没错，"作家说，"人的大脑也是一样。它也会把你所传达给它的所有信息当成真相。比如说你早晨起来，一边照着镜子，一边告诉自己，'你棒极了。'你的大脑不会说：'开玩笑！我比你自己更了解你。'"

人们哄堂大笑。

"你看，"作家说，"成功人士知道该如何积极地使用自己的大脑。

　　"这就引出了改进行为必须经历的第二层的转变：'态度变化.'态度是一个带有情感色彩的知识因子。当你对某个东西产生强烈的积极或消极情感时，你就会形成自己的态度。改变态度要比获取知识更加困难，因为你常常会说：'我知道你在说什么，可是……'所以我们需要通过改变人们的消极过滤系统来消除他们的发臭思维症，这也是人们没能学以致用的第二个原因。

　　"要想做到这一点，我们需要建立一个积极的过滤系统。在学习时，如果没有一个开放的心态，你永远都不可能消除知与行之间的差距。"

　　说到这里，作家停顿了一下，从讲台上端起水杯，喝了一口水。

　　"我们中的大多数人，"作家接着说，"像今天这样坐在观众席时，都会抱有一种怀疑的态度。为什么？因为在我们的成长过程中，我们的父母和其他成年人都会强调我们身上那些消极，而不是积极的东西。

　　"每当我们产生一个令人兴奋的想法时，他们通常就会

大泼冷水。久而久之，我们也形成了这样的思维方式。要想解决这个问题，我们就需要让自己变成绿灯思维者。每当听到一件事时，我们的第一反应应该是'我怎么才能用到它？如果能学会这个，我会有怎样的收获？'在学习的过程中，我们必须保持一种积极的心态。如果做不到这一点，再好的机会我们都会与之失之交臂。

"下面让我来总结一下：由于获取知识非常容易，所以我们会不停地吸收大量的新信息，这就会导致信息过载。然后是态度的改变，改变我们的消极过滤系统并不是一件容易的事。第三个层次的转变，也是最为困难的变化层次，是行为上的变化，这也正是学习的真正意义所在。为什么做到这点非常困难呢？因为要想改变自己的行为，你必须采取真正切实的行动。

"举个例子，多年来，我的体重一直都超出正常体重25～30磅。我曾经不停地尝试各种食谱，想要减肥，可还是没有任何作用。最终我意识到，如果我想要改变自己的健康状况，尤其是自己的体重，就必须做到专注。

　　"当你做一件事很长时间之后，你就发现自己很难作出改变。我是在一个犹太社区长大的。我以前晚上经常梦想着自己能被关进一家犹太甜品店，我甚至可以闻到 1 英里之外的奶酪面包的香味！你可以想象，对于我来说，要改变自己的饮食习惯该有多么困难。

　　"在很多情况下，即使知道自己应该作出改变，而且也非常愿意去改变自己，比如说饮食习惯，你也很难去作出真正的改变。你需要真正专心地跟进自己的计划。大多数人根本没有制订这样的计划，这也正是人们没能做到学以致用的第三个原因：他们缺少一个跟进系统。要想得到自己想要的结果，将自己的知识付诸实践，你需要一个跟进计划来为你提供指导、支持，增强责任感。

　　"要想得到指导，也就意味着你要经常跟教练、支持团队，或者某个能够帮助你实现转变的人沟通。只有做到这一点，你才能知道自己的努力会得到怎样的结果。

　　"要想得到真实有用的指导建议，首先要有好的人际关系。当你所遇见的是真正关心你的人时，他们就会提供你所

需要的支持，而且会用一种充满爱心的方式让你坚持完成自己的计划。

　　"当这 3 个要素全部到位时，我就成功地克服体重问题了。现在我有了一名营养教练、一名健身教练，还有一名生活教练，他们会经常跟我沟通，支持我，监督我的一切活动。

　　"这些教练知道，许多人的新年愿望之所以会落空，根本原因在于，如果不能在毫无外界帮助的情况下实现自己的愿望，你所许下的新年愿望就会形同虚设。以至于到了最后，每当我们宣布一个新年愿望时，身边的人就会嘲笑我们，'除非我亲眼看到，否则我是不会相信你的。'然后他们会用一种放任自流的方式，眼睁睁看着我们走向失败。当然，我们也常常是以失败告终。

　　"在培训行业，我们经常会投入大量的时间组织培训，但事实上，我们还需要投入 10 倍的时间在培训结束之后进行跟进。我们真正需要的，是能够帮助人们从新手成长为大师的导师和教练。"

　　就这样，作家滔滔不绝地作着演讲，他举出各种例子来说明专注、重复、积极的思维方式，以及一个跟进系统将如何改变人们的生活。演讲结束时，作家能够感到人群里散发出来一种积极的能量。他这次真的击出了本垒打。

"我可以清楚地感到，你们当中有些人的确为我今天上午所讲的这些内容兴奋不已。我也是。事实上，就算没有一个人能从这次演讲中有所收获，我也需要进行这场演讲。它让我有机会可以提醒自己，告诫自己该如何消除知行之间的差距。"

说到这里，作家让大家再次站起来。他面带微笑地告诉大家："请举起你们的右手，把它放到你的左肩膀上，然后举起你的左手，把它放到你的右肩膀上。就这样，给自己一个拥抱。你们都很棒，我相信，你们一定能把自己所学到的转化成实际行动。"

当每个人都站在那里，拥抱自己时，作家开玩笑地说："用这种方式为我鼓掌，真是太棒了。"整个大厅立刻掌声如雷。作家扫视了一下人群，他突然发现菲尔正站在前排靠近讲台的位置。

　　当所有人都准备落座时，作家说：“最后，我想向大家介绍那位帮助我解开谜团的人。”作家请菲尔站起来，让大家能够看到他。“各位，请给这位卓越的领导者菲尔·莫雷热烈的掌声。”

　　菲尔不情愿地站起来。他微笑着，冲着人群挥手。

　　“我的朋友真的解开了这个谜团。”菲尔既自豪又高兴地告诉自己，“他不仅在跟其他人分享自己的答案，而且还把它应用到了自己的工作当中。”

致　谢
KNOW CAN DO!

让我们能够"学以致用"的智囊团成员

　　我们要向下面这些人表示衷心的感谢：

　　玛吉·布兰佳和加里·得玛里斯特，他们教会了我们一对一沟通的知识。

　　尤尼斯·卡莉、莉莉·古兹里、弗兰西斯科·刚梅兹和杰森·阿诺德，他们让我们懂得了未来办公室的力量。

　　斯科特·布兰佳和马德莱恩·霍曼，他们让我们认识了跟进的重要性。

　　爱德华·得波诺，他提出了6顶思考帽思想，并指出一次将思维集中到一件事情上的重要性。

　　保罗·赫塞在早期就发现了肯的写作能力，并教会我们

关于变革的层次问题。

温迪·王，他为本书取了一个很棒的书名。

莱兹·英格拉西斯和霍夫曼·普罗西斯，他们让我们了解到成年人对儿童思维方式形成的影响。

查理·特里曼德斯·琼斯，是他让我们为阅读的重要性而兴奋不已。

《如何在大学里学习》作者沃尔特·鲍克，是他告诉我们，要想成为真正的学习者，学会记笔记是非常重要的。

诺曼·文森特·皮尔，他让我们认识到积极思考的重要性。

杰弗里·培菲尔和罗伯特·萨顿，感谢他们写出了开拓性的经典之作——《知行差距》。

高尔夫学校的职业高尔夫球手约翰·达林、凯西·道赫蒂、戴夫·艾莫里克、迪恩·林德、林恩·马里奥特、吉普·普特保、汤姆·维奇梅耶，还有戴夫·维特，感谢他们教会了我们高尔夫这项伟大的运动。

唐·舒拉，他让我们懂得了重复的重要性，让我们知道，重复可以让人们更好地了解自己的工作，以至于将其变成自动的过程，并最终实现好的结果。

里克·泰特和加里·黑尔，感谢他们在传奇性服务上提出了独特的见解；谢尔顿·波尔斯，感谢他关于创建"疯狂的客户"的创意；还有凯西·卡夫，以及卡西·胡特，感谢他们将这些概念提升到一个新的层次。

金克拉，他帮助我们更好地理解给人们做彻底的检查，帮助他们消除发臭思维症的重要性。

鲍勃·戴维斯，雪佛龙公司前任总经理，他提醒我们表扬进步的重要性，因为人是一个移动的目标。

吉姆·柯林斯，他帮助我们更好地理解是什么造就了一名伟大的领导者。

肯·布兰佳的妻子玛吉，她总是在支持他；还有他的家人：斯科特·布兰佳、马德莱恩·霍曼、德比·布兰佳、胡姆伯特·梅蒂娜，还有汤姆·迈基；感谢他们对于肯·布兰佳集团所做的一切，这样才能让肯有时间进行像这本好书之类的项目。

保罗·梅耶的妻子简，她让保罗能够在专心工作的同时

过上平衡的生活；他的父亲，来自德国的木匠奥古斯特·卡尔·梅耶，是保罗一生中见过的最伟大的导师，保罗后来所取得的一切成就在很大程度上都要归功于父亲的教导。

迪克·卢赫的妻子凯西，还有他们的儿子理查德、迈克、克里斯托弗，感谢他们这么多年来全心全意的支持；感谢迪克的父亲理查德·E. 卢赫，他教会了迪克该如何面对生活；还有他的导师莱斯利·哈伊，他是迪克在领导力和组织影响力领域学习的第一个榜样。

掌控人生

以下是历年来我们的读者推荐的各类兼具权威性和实用性的书籍。

《早起的奇迹》 哈尔·埃尔罗德

《奇迹公式》 哈尔·埃尔罗德

《重启吧！我的健康人生》 兰根·查特吉

《野蛮进化》 蒂姆·S.格罗弗、莎莉·莱塞·温克

《跑步的力量》 斯科特·道格拉斯

《睡眠进化》　W. 克里斯·温特

《活出最佳自我》　迈克尔·拜尔

《自律力》　艾伦·韦斯、马歇尔·古德史密斯

《轻疗愈》　尼克·奥特纳

《感恩日记》　贾尼丝·卡普兰

《穿过内心那片深海》　谢莉娜·艾雅娜

《恰到好处的亲密》　基拉·阿萨特里安

《呼吸疗愈》　丽贝卡·丹尼斯

《复原的力量》　邦妮·圣约翰、艾伦·海恩斯

《时间管理的奇迹》 罗里·瓦登

《高效沟通的艺术》 莎丽·哈莉

《微表情解析》 保罗·艾克曼、华莱士·V.弗里森

《向上的奇迹》 马歇尔·古德史密斯、马克·莱特尔

《知道做到自学的科学》 彼得·霍林斯

《知道做到快速获取新技能的科学》 彼得·霍林斯

《唤醒吧！职场多巴胺》 布鲁斯·戴斯利

《关键7问》 迈克尔·邦吉·斯坦尼尔

《建议陷阱》 迈克尔·邦吉·斯坦尼尔

《真北》 比尔·乔治

《聘谁》 杰夫·斯玛特、兰迪·斯特里特

《数据化决策》 道格拉斯·W.哈伯德

《乔布斯商业创新底层逻辑》 马克·佩恩

《数字商业底层逻辑》 文卡·文卡查曼

《巴菲特致管理者的信》 杰夫·格拉姆

《拥抱你的客户》 杰克·米切尔

《黄金服务》 科林·考伊

《流程！》 迈克·帕顿、丽莎·冈萨雷斯

《财富流》 罗杰·詹姆斯·汉密尔顿

《富爸爸的财富花园》 约翰·索福里克

《巴菲特的护城河》 帕特·多尔西

《财务自由笔记》 安德鲁·哈勒姆

《强势成长股》 路易斯·纳维里尔

《财富自由笔记》 琳赛·蒂格·莫雷诺

《有钱人穷的时候都在做什么》 克丽丝特尔·佩因

《杰出投资者的底层认知》 J.戴维·斯坦恩

《以交易为生》 迈克·贝拉菲奥雷

KNOW CAN DO !

"天作之合"的黄金三人组之　肯·布兰佳博士
善于"将看似复杂的问题变简单"

　　作为一名声誉卓著、备受推崇的作家、演说家、管理大师和商业咨询顾问，很少有人能够像肯·布兰佳这样对人们的日常管理产生如此巨大的影响。他的朋友、同事以及客户们一致认为，他是当今世界商务领域最富洞察力、最强大、最具有思想深度的商业管理思想家之一。

　　布兰佳在发表演说时，总是幽默诙谐、热情洋溢，每位观众都能感受到他的真诚之心。他的独门绝技是能够在对全体观众发表演说的同时，与每位观众都产生充分的交流和

互动，使观众仿佛置身于一对一的谈话环境中。他拥有高超的演讲技巧，能够通过生动、形象的故事或寓言将复杂的道理变得简单、易于理解。

布兰佳以善于"把看似复杂的问题简单化"而著名，他和斯宾塞·约翰逊合著的《一分钟经理人》（*The One Minute Manager*），在全球范围内创造了超过 1 500 万册的销量，至今仍出现在各大书籍销量的排行榜上，久盛不衰，并先后被翻译成至少 27 种文字出版，成为美国 20 余年来最畅销的管理著作之一。他还与人先后合著了超过 60 部书，累计销量逾 2 800 万册。

他与妻子玛吉·布兰佳博士于 1979 年在加利福尼亚圣迭哥创办了肯·布兰佳国际管理培训公司。该公司致力于为世界上众多不同类型的企业提供个性化的管理培训，以"擅长开发员工潜能"著称。布兰佳担任该公司的首席精神官（Chief Spiritual Officer），其职责是使公司保持远见与活力。

　　布兰佳是母校康奈尔大学的名誉讲师，同时担任该校理事会的名誉理事。此外，布兰佳博士还参与创建了"FaithWalk领导力中心"，这是一家致力于帮助各层次领导者提高领导力的非营利性组织。

"天作之合"的黄金三人组之　保罗·梅耶
善于"激励人们释放全部潜力"

保罗·梅耶是个人发展行业的探路人和领导者。他在1960年就创办了成功激励机构，致力于"激励人们最大限度地发挥自身的潜力"。

在梅耶"帮助人们实现自己的目标"这一愿景的激励下，他的旗舰公司目前已经发展为一家享誉全球的大型跨国集团，拥有关于目标设定、领导力、时间管理以及个人职业发展相关主题的完整课程，并在全球60多个国家、以23种语言传播他的理念和产品。

目前，梅耶旗下公司的全球销售总额已超过20亿美元，其销量超过人类历史上迄今为止的所有同类公司。梅耶给成千上万的人的生活带来了积极改变，其独特创造性与创新品牌也为他赢得了行业先驱的声誉。

梅耶和妻子简居住在美国得克萨斯州。他们有 3 个儿子、2 个女儿以及 15 个孙子孙女——真是个不折不扣的大家庭啊！梅耶家族拥有 30 多家企业的控制股份，其经营领域包括计算机软件、教育、出版、房地产、法律保险等。

多年来，梅耶一直致力于教导人们应当如何在自己的生活中取得成功，并教会人们该如何发挥自身潜力，实现自己的目标。他的工作为他赢得了全球范围内的赞誉，以及卓越的国际声誉。

凭着自身所取得的成功以及丰富的个人经历，梅耶在自己的《财富、家庭与忠诚》（*Fortune, Family & Faith*）当中与读者分享了许多成功原则。他的作品还包括《纽约时报》畅销书《黄金心灵的心灵鸡汤》（*Chicken Soup for the Golden Soul*）、《跨越领导力的鸿沟》（*The 5 Pillars of Leadership*）、《我继承了一笔遗产》（*I Inherited a Fortune*）、《释放你的遗产》（*Unlocking Your Legacy*）、《原谅：最伟大的奇迹》

（ *Forgiveness: The Vltimate Miracle* ）、《让你完全成功的 24 个关键点》（ *24 Keys That Bring Complete Success* ），以及《成为你命定的教练》（ *Become the Coach You Were Meant to Be* ）。在关于梅耶的传记《保罗·梅耶和给予的艺术》（ *Paul Meyer and the Art of Giving* ）当中，作者详细解释了梅耶守护财富和给予的原则。

梅耶和妻子于 1984 年成立的家庭慈善基金会（ The Paul and Jane Meyer Family Foundation ）为全球的 30 多个慈善机构和世界组织提供支持，他们为改善人们的生活条件所作出的工作也为他们赢得了众多国际奖项与荣誉。

梅耶相信"凡是尽情想象、热切渴望、真诚相信、热情行动的事情，都必然会实现"，这样强大的信念支持他不断跨越障碍，为社会提供服务与支持，激励更多人有目标地生活并找到正确的道路。

"天作之合"的黄金三人组之　迪克·卢赫
善于"在核心层面的深度沟通"

迪克·卢赫是一位极受欢迎的激励演说家、著名顾问，一位颇有天分的培训大师。他的演说非常能鼓舞人心，能够与听众在最核心的层次进行沟通，而他的幽默则常常让听众笑翻。

迪克是肯·布兰佳公司的高级咨询合伙人，同时还是培训项目"完全质量领导者"（Total Quality Leadership）的创作者。他曾与汤姆·彼得斯、高登·里皮特和保罗·赫塞一起工作。此外他还是《销售与营销》（*Sales and Marketing*）杂志的长期专栏作家，先后为《培训与发展》（*Training and Development*）、《管理学会记录》（*Proceedings of the Academy*

of Management）以及《执行卓越》（Executive Excellence）等
多家刊物撰稿。

迪克在纽黑文大学获得 MBA 学位，在乔治·华盛顿大
学获得人力资源开发博士学位。此外他还出版了关于变革与
领导的实战手册《得到重要的结果》（Getting Major Results）。